加入 TPP 與 RCEP：
臺灣準備好了！？

● 主編 簡明哲、譚瑾瑜、吳孟道

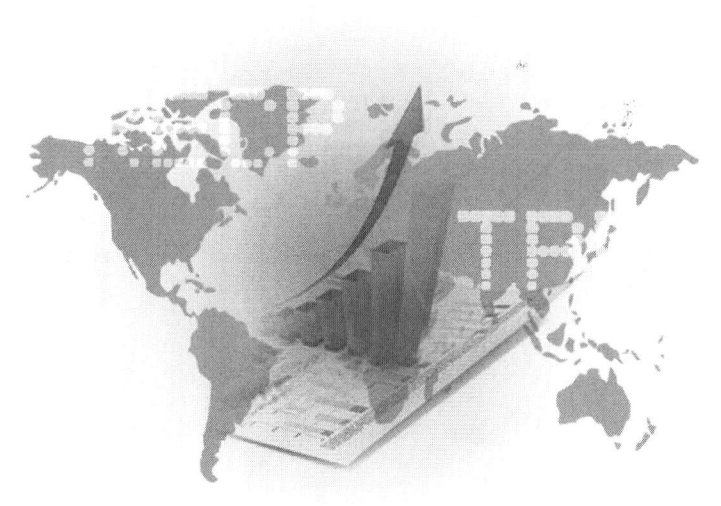

論壇流程

		2014 年 06 月 14 日　09:30-11:30	
		一、TPP、RCEP 與臺灣經濟發展	
主筆者	譚瑾瑜	國家政策研究基金會科技經濟組副研究員	
與談人	1. 徐純芳 2. 王連常福	中華民國全國工業總會顧問 國立臺北大學經濟學系兼任教授	
		二、加入 TPP／RCEP 對臺灣金融業的影響及其因應	
主筆者	吳孟道	國家政策研究基金會財政金融組副研究員	
與談人	1. 黃天牧 2. 鄭貞茂	金融監督管理委員會副主任委員 台灣金融研訓院院長	

		2014 年 06 月 14 日　13:00-15:00	
		三、加入 TPP／RCEP 對臺灣工業的影響及其因應	
主筆者	蔡宏明	中華民國全國工業總會副秘書長	
與談人	1. 葉長城 2. 韓孝民	中華經濟研究院 WTO 及 RTA 中心助研究員 福懋興業股份有限公司總經理室高級專員	
		四、加入 TPP／RCEP 對臺灣服務業的影響及其因應	
主筆者	靖心慈	中華經濟研究院 WTO 及 RTA 中心副研究員	
與談人	1. 朱浩 2. 譚耀南	商業發展研究院商業發展與政策研究所副所長 國際通商法律事務所執行顧問	

2014 年 06 月 14 日　15:20-17:20		
五、加入 TPP／RCEP 對臺灣農業的影響及其因應		
主筆者	1. 孫智麗 2. 周孟嫻	台灣經濟研究院生物科技產業研究中心主任 台灣經濟研究院生物科技產業研究中心副組長
與談人	1. 陳文德 2. 詹澈	行政院農業委員會副主任委員 行政院雲嘉南區聯合服務中心代理執行長
六、加入 TPP／RCEP 對臺灣勞工的影響及其因應		
主筆者	徐遵慈	中華經濟研究院台灣東協研究中心副研究員兼主任
與談人	1. 蔡孟良 2. 戴國榮	勞動部勞動力發展署副署長 全國產業總工會秘書長

作者群簡歷

譚瑾瑜
最高學歷：國立中央大學經濟學博士。
現職：國家政策研究基金會科技經濟組副研究員。
經歷：經濟部產業發展諮詢委員會暨經濟部研究發展委員會助理研究員、實踐大學財金系兼任講師、台灣經濟研究院國際事務處暨中華臺北亞太經濟合作（APEC）研究中心助理研究員、台灣經濟研究院院長祕書、台灣經濟研究院研究一所助理研究員、國立中興大學臺北夜間部經濟學系助教。

李淳
最高學歷：澳洲國立大學公共政策博士。
現職：中華經濟研究院 WTO 及 RTA 中心副執行長。
經歷：中華經濟研究院台灣 WTO 中心法律分析組組長、中華經濟研究院台灣 WTO 中心副研究員、台灣通訊學會秘書長、中華經濟研究院台灣 WTO 中心助理執行長、ANU 亞太經濟政府學院專案研究員、國立中山大學管理學術研究中心助理研究員。

徐純芳
最高學歷：比利時天主教魯汶大學歐洲研究所畢業。
現職：中華民國全國工業總會顧問兼國際事務委員會副召集人。
經歷：經濟部國際貿易局科長、副組長、組長、副局長、民國 82 年（西元 1993 年）曾當選為行政院模範公務人員。

吳孟道
最高學歷：國立臺北大學經濟學博士。
現職：國家政策研究基金會財政金融組副研究員。
經歷：臺北商業技術學院國際商務系兼任助理教授、銘傳大學財務金融系兼任助理教授、真理大學財政稅務系兼任助理教授、元富證券公司總體經濟研究專員。

黃天牧

最高學歷：美國南加州大學公共行政研究所博士。

現職：金融監督管理委員會副主任委員。

經歷：金融監督管理委員會證券期貨局局長、行政院金融監督管理委員會保險局局長、行政院金融監督管理委員會檢查局兼任局長、行政院金融監督管理委員會主任秘書。

鄭貞茂

最高學歷：University of Wisconsin-Madison 經濟學博士候選人。

現職：台灣金融研訓院院長。

經歷：中華經濟研究院國際所研究助理、University of Wisconsin-Madison 經濟系助教、台灣經濟研究院研究六所助理研究員、花旗銀行財務處副總裁兼首席經濟學家、國立政治大學財務金融學系兼任副教授。

蔡宏明

最高學歷：國立成功大學工業管理研究所碩士。

現職：中華民國全國工業總會副秘書長。

經歷：國家安全會議諮詢委員、工業總會貿易發展委員會副執行秘書、執行秘書、國家政策研究中心政策研究員、經濟部國際貿易局科員。

葉長城

最高學歷：國立政治大學政治學系博士。

現職：中華經濟研究院 WTO 及 RTA 中心助研究員、國立中正大學戰略暨國際事務研究所兼任助理教授。

經歷：國立中正大學戰略暨國際事務研究所專案助理研究員、國立中正大學國家安全研究中心兼任助理研究員、國立政治大學政治學系函聘兼任講師。

韓孝民

最高學歷：國立雲林科技大學企業管理學碩士。
現職：福懋興業股份有限公司總經理室高級專員、私立環球科技大學大陸市場兼任教師。
經歷：臺灣／大陸／越南／香港等四地多廠 ECFA 及東協 10 ＋中國的零關稅進出口實務作業經驗。

靖心慈

最高學歷：The Johns Hopkins University, Economics 博士。
現職：中華經濟研究院台灣 WTO 和 RTA 中心副研究員。
經歷：中華經濟研究院國際研究所副研究員、中華經濟研究院大陸研究所助理研究員、東吳大學經研所兼任副教授。

朱浩

最高學歷：國立臺灣大學國家發展研究所碩士。
現職：商業發展研究院商業發展與政策研究所副所長。
經歷：商業發展研究院分項計畫負責人、商業發展研究院副研究員、台灣經濟研究院研究一所計畫負責人、台灣經濟研究院調查中心副主任、台灣經濟研究院研究一所助理研究員。

譚耀南

最高學歷：美國匹茲堡大學法律博士。
現職：國際通商法律事務所執行顧問、美國商會理事。
經歷：美國聯邦通訊委員會國際局法律顧問。

孫智麗

最高學歷：英國劍橋大學管理學院博士。
現職：台灣經濟研究院研究員、台灣經濟研究院智慧財產評價服務中心主任、台灣經濟研究院生物科技產業研究中心主任、《農業生技產業季刊》總編輯。

經歷：國立臺灣大學生物科技研究所兼任副教授、國立清華大學科技管理研究所兼任副教授、中華無形資產暨企業評價協會第四屆監事、國立臺灣大學科技政策與產業發展研究中心兼任研究員、「農業生物技術產業化發展方案」策略規劃組委員、衛生署全民健康保險精算小組第七至九屆委員、劍橋大學臺灣校友會第一屆理事、台灣經濟研究院副研究員、台灣經濟研究院研究四所、國際處、院長室助理研究員。

周孟嫻

最高學歷：國立臺灣大學生物產業傳播暨發展學系碩士。

現職：台灣經濟研究院生物科技產業研究中心助理研究員、台灣經濟研究院生物科技產業研究中心副組長。

陳文德

最高學歷：國立臺灣大學農藝學系研究所畢業。

現職：行政院農業委員會副主任委員。

經歷：行政院農業委員會國際處處長、行政院農業委員會農糧署署長、行政院農業委員會參事。

詹澈

最高學歷：國立屏東農專農藝科畢業。

現職：行政院雲嘉南聯合服務中心代理執行長、財團法人國家政策研究基金會科經組顧問。

經歷：臺東地區農會推廣股長、台灣農漁會自救會辦公室主任、台灣農民聯盟副主席、台灣鐵牛隊總隊長、台灣區雜糧發展基金會專員、台灣區蠶業發展基金會執行長、《春風雜誌》發行人、《新地文學雜誌》總編輯、台灣藝文作家協會理事長、國大代表。

徐遵慈

最高學歷：東吳大學法律研究所碩士。
現職：中華經濟研究院台灣東南亞國家協會研究中心主任、中華經濟研究院台灣 WTO 中心副研究員。
經歷：中華財經策略協會秘書長、中華經濟研究院台灣東協研究中心主任、中華經濟研究院台灣 WTO 中心副研究員、台灣經濟研究院中華臺北 APEC 研究中心執行祕書兼副研究員。

蔡孟良

最高學歷：國立臺北工業專科學校。
現職：勞動部勞動力發展署副署長。
經歷：勞工委員會職業訓練局中彰投區就業服務中心主任、勞工委員會職業訓練局組長。

戴國榮

最高學歷：元智大學管理研究所碩士。
現職：全國產業總工會秘書長。
經歷：勞動部勞資爭議仲裁委員、台灣石油工會秘書長、全國產業總工會副秘書長、中華民國能源產業總工會理事、台灣石油工會理事、團體協商勞方代表、石油勞工總編輯。

簡明哲

最高學歷：美國德州農工大學農業經濟學博士。
現職：國立臺北大學經濟學系副教授、中華民國傑出農民協會祕書長。
經歷：中華民國卓越台灣協進會理事長、國立嘉義大學管理學院 EMBA 執行長。

董事長序

　　經濟體系全球化是當今時代之主流。早期，WTO是引領世界經貿全球化的引擎。近年來，在WTO多邊貿易體系隨著種種談判之僵持，而面臨停滯不前的窘境下，各國無不紛紛另闢蹊徑尋求出路。許多國家捨棄大型多邊協商的模式，改以簽署各種雙邊自由貿易協定，或區域貿易協定等方式尋求整合與發展貿易自由化。臺灣，身處亞太地區，深刻瞭解這樣區域整合自由貿易的趨勢，以及相關「協定」的形成，促成了新的亞太戰略布局。這些改變對於臺灣的經濟，帶來相當深遠之影響。

　　新台灣人文教基金會長期關注與臺灣相關之各種議題，舉辦各項知識論壇與社會活動。一方面邀請專家學者，針對議題貢獻所知所學，匯集智慧與經驗；另一方面透過多年於各地舉辦之活動，反應在地的觀點與聲音。不例外的，基金會亦非常重視這股經貿整合的趨勢對於臺灣經濟與社會之影響，故由本會簡明哲副執行長擔任召集人，以「加入TPP與RCEP：臺灣準備好了！？」為題，於2014年6月14日邀請對「經濟發展」、「金融業」、「工業」、「服務業」、「農業」、「勞工」等議題有深入研究與浸淫的產、官、學界專家，辦理論壇活動，根據加入TPP與RCEP對臺灣之各相關面向可能造成的衝擊，進行深入的探討與對話，並對政府部門提出精闢的建議。本論壇期待能對現行政府政策注入新觀念，更希望能讓國人深入瞭解，面對此一不可趨避之風潮，臺灣應做的準備。

　　今謹以此序代表新台灣人文教基金會所有同仁，向所有參與本論壇相關研究之專家、學者及所有第一線奉獻付出的工作者，對他們長久以來投注於相關議題之研究及心血，致上我們最真誠

的謝意與敬意。期待本書的付梓能夠讓讀者對臺灣發展有更多不同的思維，盼收拋磚引玉之效，讓臺灣在面對 TPP 與 RCEP，乃至更多不同協定之參與與否，能有更多元與周延之審思、考量與準備。

新台灣人文教基金會董事長
張珩

主編序

　　新台灣人文教基金會長期關注時事，定期舉辦產官學政策論壇，希望藉由政策論壇之舉辦，匯集產官學界之意見，凝聚各方共識並化為政策建議，供政府相關部會施政參考，讓臺灣更加美好。

　　有鑑於亞太區域經濟整合快速，跨太平洋夥伴協定（TPP）與區域全面經濟夥伴協議（RCEP）刻正積極推動，兩者均為巨型自由貿易協定（Mega FTAs），且參與會員均為臺灣重要貿易夥伴，TPP即將完成談判，RCEP則預計於2015年完成。身處亞太地區的臺灣，面對TPP及RCEP形成對於亞太地區經貿之影響，政府已提出同步積極爭取加入TPP及RCEP的政策目標。然而在積極爭取加入的同時，臺灣各產業及部門是否做好衝擊評估及準備好因應對策？這是政府責無旁貸且需正視的課題，也是新台灣人文教基金會舉辦「加入TPP與RCEP：臺灣準備好了！？」論壇之主要目的。

　　本論壇之主筆者及主題包括：國家政策研究基金會科技經濟組譚瑾瑜副研究員的〈TPP、RCEP與臺灣經濟發展〉、國家政策研究基金會財政金融組吳孟道副研究員的〈加入TPP／RCEP對臺灣金融業的影響及其因應〉、中華民國全國工業總會蔡宏明副秘書長的〈加入TPP／RCEP對臺灣工業的影響及其因應〉、中華經濟研究院WTO及RTA中心靖心慈副研究員的〈加入TPP／RCEP對臺灣服務業的影響及其因應〉、台灣經濟研究院生物科技產業研究中心孫智麗主任及周孟嫻副組長的〈加入TPP／RCEP對臺灣農業的影響及其因應〉、中華經濟研究院台灣東協研究中心徐遵慈主任的〈加入TPP／RCEP對臺灣勞工的影響及

其因應〉等。另為讓論壇專書內容更充實更完整，本書另收錄了國立成功大學宋鎮照教授與蔡相偉助理研究員發表於《戰略安全研析》的〈亞太經貿開啟雙軸競爭格局之新秩序〉，以及中華經濟研究院 WTO 及 RTA 中心葉長城助研究員發表於《全球台商 e 焦點雙週刊》的〈TPP 與 RCEP 談判進展及其對臺灣之影響與因應評析〉兩文章。

本論壇與談人包括：中華民國全國工業總會徐純芳顧問、中華經濟研究院 WTO 及 RTA 中心李淳副執行長、國立臺北大學經濟學系王連常福教授、行政院金融監督管理委員會黃天牧副主任委員、金融研訓院鄭貞茂院長、中華經濟研究院 WTO 及 RTA 中心葉長城助研究員、福懋興業股份有限公司總經理室韓孝民高級專員、商業發展研究院商業政策研究所朱浩副所長、國際通商法律事務所譚耀南執行顧問、行政院農業委員會陳文德副主任委員、行政院雲嘉南區聯合服務中心詹澈代理執行長、行政院勞動部勞動力發展署蔡孟良副署長、全國產業總工會戴國榮秘書長等專家學者的出席評論及與談。

透過本論壇的舉辦，除提供產官學界溝通對話平台以共同探討臺灣加入 TPP 及 RCEP 後各產業之可能影響及其因應策略外，更希望藉由與會者的集思廣益，提出具體可行的政策建議供政府施政之參考，共同為臺灣的經貿發展尋找出路、開創新局。

簡明捃、譚瑾瑜、吳孟道

目次

壹、區域發展
亞太經貿開啓雙軸競爭格局之新秩序：RCEP vs. TPP 發展之政經分析／宋鎮照、蔡相偉 ... 001

貳、談判進展
TPP 與 RCEP 談判進展及其對臺灣之影響與因應評析／葉長城 ... 013

參、經濟發展
TPP、RCEP 與臺灣經濟發展／譚瑾瑜 ... 025
回應／李淳 ... 045
回應／徐純芳 ... 049

肆、金融業
加入 TPP／RCEP 對臺灣金融業的影響及其因應／吳孟道 ... 057
回應／黃天牧 ... 069
回應／鄭貞茂 ... 077

伍、工業
加入 TPP／RCEP 對臺灣工業的影響及其因應／蔡宏明 ... 081
回應／葉長城 ... 091
回應／韓孝民 ... 099

陸、服務業

加入 TPP／RCEP 對臺灣服務業的影響及其因應
／靖心慈　　　　　　　　　　　　　　　　107

回應／朱浩　　　　　　　　　　　　　　　117

回應／譚耀南　　　　　　　　　　　　　　123

柒、農業

加入 TPP／RCEP 對臺灣農業的影響及其因應
／孫智麗、周孟嫻　　　　　　　　　　　　127

回應／陳文德　　　　　　　　　　　　　　139

回應／詹澈　　　　　　　　　　　　　　　149

捌、勞工

加入 TPP／RCEP 對臺灣勞工的影響及其因應
／徐遵慈　　　　　　　　　　　　　　　　157

回應／蔡孟良　　　　　　　　　　　　　　169

回應／戴國榮　　　　　　　　　　　　　　179

玖、政策建議

結論與建議／簡明哲　　　　　　　　　　　185

壹
區域發展

亞太經貿開啟雙軸競爭格局之新秩序：RCEP vs. TPP 發展之政經分析[*]

宋鎮照
國立成功大學政治系暨政經所教授

蔡相偉
國立成功大學東南亞研究中心助理研究員

壹、前言

在 2012 年 8 月於柬埔寨暹粒（Siem Reap）舉行第 44 屆東協經濟部長會議中，東協十國、中國、日本、韓國、澳大利亞、紐西蘭、印度等 16 國經濟部長通過決議，同意將在 2012 年 11 月召開的「東亞高峰會」（East Asia Summit, EAS）上，共同推出「區域全面經濟夥伴」（Regional Comprehensive Economic Partnership, RCEP）關係協議，新的自由貿易協定組織即將誕生，並展開相關自由貿易區的談判，將帶動亞太區域經濟一體化之快速發展。

同時，「泛太平洋戰略經濟夥伴關係協議」（Trans-Pacific

---

[*] 本文轉載於國立政治大學國際關係研究中心發行之《戰略安全研析》第 90 期。

Strategic Economic Partnership Agreement, TPP）已經開始運作多時，2012年9月6至15日正如火如荼地在美國維吉尼亞州的李斯堡（Leesburg）展開第14回合的談判，包括美國、新加坡、越南、馬來西亞、汶萊、紐西蘭、澳大利亞、智利、秘魯等9個國家，加拿大與墨西哥也將參與加入談判，將匯集整個太平洋地區的各經濟體，希望能夠建立一個統合的經貿區，早日達成亞太地區的投資貿易自由化。

面對亞太區域兩大自由貿易集團的競爭下，臺灣應當如何突破目前區域經濟整合下被邊緣化的困境，正是政府與企業必須嚴正以待的問題。換言之，臺灣必須認真地去面對區域經濟整合的變遷與挑戰，正視經貿議題與地緣區域戰略，以開拓臺灣參與區域經濟的契機，遠離被邊緣化的危機，以建立臺灣在東亞區域經濟上的比較利基，並試圖從消極被動的經濟角色轉變成主動支配的關鍵角色，來思考臺灣在區域發展策略上的突破，這將成為臺灣刻不容緩的首要任務。

在面對興起的RCEP和TPP之競爭現象，以及在馬政府已經宣示10年加入TPP的目標下，臺灣也應當同時積極參與RCEP的建構，因為臺灣絕不能置身事外於亞太自貿區的推動，否則將加速被邊緣化的危機。代表中美勢力的RCEP和TPP在亞太區域較勁下，提供了臺灣參與區域經貿整合的機會，臺灣究竟會左右逢源、或左右為難、或兩邊得罪，必須進一步去審慎思考與應對，畢竟這關乎未來臺灣發展的經濟命脈。因此，臺灣是否能夠同時成為兩大自由貿易集團的成員，抑或是哪一個自貿集團對臺灣的影響和助益比較大，有必要進一步去探討RCEP和TPP之區域政經結構脈絡，這將是本文後面所探討和分析的重點。

貳、兩大自由貿易集團的起源與整合歷程

　　早在 2011 年 2 月 26 日，於緬甸內比都舉行的第 18 次東協經濟部長會議上，部長們優先討論了如何與其經濟夥伴國共同達成一個綜合性的自由貿易協定，於是產生了組建「區域全面經濟夥伴關係」（RCEP）的草案。在 2011 年東協高峰會上，東協十國領導人正式批准了 RCEP。2012 年 8 月底召開的東協十國、中國、日本、韓國、印度、澳大利亞和紐西蘭的經濟部長會議原則上同意組建 RCEP，並在 2012 年 11 月召開的「東亞高峰會」（EAS）上，正式宣布啟動 RCEP，並展開談判，預計於 2015 年底完成談判，並進入實施階段，而東協經濟共同體（ASEAN Economic Community, AEC）亦將於 2015 年建成，這將為 RCEP 之建構推動形成有利條件。

　　按照東協（Association of Southeast Asian Nations, ASEAN）的設計與規劃，RCEP 是以東協為核心，聚集了已與東協簽定自由貿易協定（Free Trade Agreement, FTA）的國家，包含中國、日本、韓國、澳大利亞、紐西蘭、印度。在東協十國與這 6 個國家分別簽署的 5 個「東協加一自由貿易協定」（ASEAN＋1 FTA）（東協＋中國、東協＋日本、東協＋韓國、東協＋紐澳、東協＋印度）之有利制度化基礎上，儼然看出 RCEP 成型的架構。在這個已經與東協建立自由貿易關係的基礎上，其推動原則是採取自願方式，由這 6 國各自表達加入 RCEP 的意願，並非以強迫的方式加入，同時也以比較寬鬆的經貿自由化標準規範來實施，以利全部國家參與更易於參與 RCEP。目前這 6 國均表示「支持」東協主導所建立的 RCEP，也先後表示「加入」RCEP 的意願。

　　TPP 最早可以追溯至 2002 年 10 月智利、紐西蘭、新加坡 3 國欲協商簽署「太平洋三國更緊密經濟夥伴」（The Pacific Three Closer Economic Partnership, P3 CEP）協定倡議。2003 年

9月，智、紐、星3方亦為此舉行首輪協商，歷經4回合的談判，3國正式於2005年7月18日簽署TPP，同年（2005年）8月2日汶萊也簽署加入。後續為配合Pacific 4（P4）各締約方的國內立法及執行程序與實施彈性，該協定於2006年5月1日在紐、星兩國首先生效，智利也於2006年11月8日宣布正式實施；汶萊雖先於2006年6月12日開始暫時適用TPP的部分規定，但最終則遲至2009年7月，始完成其國內所有確認程序，全面適用。

隨著2008年9月，美國正式宣布參與TPP談判，積極主導推動TPP談判成員國的擴增及協定實質談判進展，整體經濟規模愈益龐大，也引發亞太區域內外國家對其談判動向及結果的高度重視。換言之，美國加入與大力主導TPP擴大談判，係近期TPP協定躍升為亞太區域經濟整合重心的關鍵。2012年6月18至19日，美國先後宣布墨西哥和加拿大將成為TPP第10個和第11個談判國家。由於墨西哥與加拿大皆是北美自由貿易協定（North American Free Trade Agreement, NAFTA）的成員國，與美國已建立緊密的經濟合作關係，顯然美國是以與自己簽訂貿易協定的夥伴國為優先考慮，並讓NAFTA架構呈現在TPP框架內，足以更加鞏固美國在TPP不可動搖的地位。2013年3月，日本也加入TPP談判，使得目前TPP成員國達到12國。

其實RCEP和TPP參與國都是Asia-Pacific Economic Cooperation（APEC）的經濟體成員，在雙元經貿整合推動下，理應有助於APEC自貿區的建構，然而也令人感到擔憂，區域經貿整合的發展是否會造成競爭對立，甚至弱化APEC的重要性，抑或是促使APEC面臨分裂與瓦解的威脅。以美國為首的TPP相對於表面上由東協主導的RCEP，其實背後隱藏著一種中美較勁的區域貿易集團的意涵。這也可以說是在APEC架構下的政經較勁，中美仍將會以各自的中國－東協自貿區（China-ASEAN Free Trade

Area, CAFTA）和北美自貿區（NAFTA）為基本支持勢力，並透過合縱與連橫方式之運作，利用現實利誘來拉攏其他國家加入，以增加影響力，這更突顯出亞太區域「碗麵效益」（noodle bowl effect）的競爭局面。

這可以預測未來 TPP-12 自由貿易集團將會繼續擴展，進一步發展為「TPP-12 ＋ X」，日、韓與東南亞其他國家（如泰國）都將是被拉攏的對象，有可能連臺灣也會被邀請，但中國對 TPP 的參與立場，可能會採取保持距離的消極作法，轉而強化和大力支持東亞經濟一體化的推動。而 RCEP 的推動亦可能從東協加六擴張到「東協＋ 6 ＋ X」，有可能拉攏俄羅斯、巴西等金磚四國友伴加入，甚至邀請加拿大、墨西哥，抑或是在中國的默許下，臺灣亦可能有機會參與。對中國來說，臺灣與其讓 TPP 吸納，不如留在 RCEP 框架，還有助於兩岸經貿的整合，達到中國「以經促統」的統戰策略，同時在即將上台的知臺新領導人習近平的主導下，[1] 給臺灣多一些區域經貿空間，可能是不可迴避的新對臺政策基調。而美國對參與 RCEP 的意願也勢必興致缺缺，更不願意當老二，讓其霸權地位之作為顯得礙手礙腳的。面對 RCEP 的競爭，美國勢必積極透過拉攏日韓和臺灣之參與，來擴大 TPP 的經濟勢力，抑或是另起爐灶，組建更大型的多邊 FTA 經貿集團。

參、TPP 與 RCEP 暗自角力的亞太新局勢：比較與競爭

TPP 與 RCEP 的自貿集團已經超越一般「雙邊」貿易協定的範疇，成為一套「多邊」貿易協定，這也為向來以追求雙邊 FTA

---

[1] 編按本文於 2012 年 10 月發表於《戰略安全研析》第 90 期，習近平就任時間為 2013 年 3 月。

協議框架的經濟合作模式，轉向到多邊經濟運作的合作發展新方式。而 TPP 與 RCEP 二大集團在亞太區域整合上，雖然在經濟、政治、外交和戰略等方面大致上處於競爭的狀態，但仍然有一些國家能夠左右逢源，同時進入兩大經貿集團中。目前，TPP 主要有 11 個成員國，而 RCEP 的成員國計劃則有 16 個國家。其中，有不少國家是「同時」被包括在 TPP 與 RCEP 兩大貿易集團中，這些國家包括有新加坡、越南、馬來西亞、汶萊、紐西蘭、澳大利亞等 6 國，而其中有 4 國是東協國家，所以重疊性相當高。

目前 TPP 約擁有 6.7 億人口，約占世界總人口的 9.44%，商品貿易約占全球總額的 16.3%，國內生產毛額（gross domestic product, GDP）約達 16.6 兆美元，約占全球 GDP 總量的 27.4%；而 RCEP 一旦組成，將擁有約 34 億人口、約占世界總人口的 47.89%，其商品貿易約占全球的 27.7%，國內生產毛額總額約達 17.2 兆美元，約占全球 GDP 生產總值的 28.4%（如表 1 所示）。TPP 是一個綜合性的自由貿易協定（FTA），其運作與功能旨在處理各種非關稅的貿易壁壘問題，包括貨物貿易、原產地規則、貿易救濟措施、衛生和植物衛生措施、技術性貿易壁壘、服務貿易、知識產權保護、政府採購、國企行為、監管融合和競爭政策等；而 RCEP 的目標是消除貿易壁壘、創造自由的投資環境及保護智慧財產權。

雖然兩大自由貿易集團協議的性質類似，具有相關性，但是其背後所主導和運作的勢力與所參與的國家皆有所不同。TPP 很明顯地主要是由美國所主導；而 RCEP 表面上看似由東協所主導，實際上若非中國極力支援與支持，東協在區域合作中也難以發揮主導作用。因此，不難看出 RCEP 背後存在有中國的影子。換言之，從國際戰略方面來說，TPP 與 RCEP 可以說是中、美兩

大勢力暗自角力、相互競爭的局面。事實上，TPP 的政治含義很高，背後隱藏著美中的政治較量，美國試圖以太平洋區域的霸權地位來主導 TPP，欲與中國大陸所主導的從東協加一、東協加三（EAFTA），到中日韓自由貿易區、再到東協加六或 RCEP 的目標相對抗。

表 1　TPP 與 RCEP 的比較

項目／自貿集團	TPP	RCEP
參與國家	美國、新加坡、越南、馬來西亞、汶萊、紐西蘭、澳洲、智利、秘魯、加拿大、墨西哥、日本	東協十國、中國、日本、韓國、紐西蘭、澳洲、和印度（ASEAN＋6）
2011 年人口數量（人）	約 6.7 億人	約 34 億人
2011 年人口占全球比例	9.44%	47.89%
2011 年 GDP 總值	16.6 兆美元	17.2 兆美元
2011 年 GDP 占全球比例	27.4%	28.4%
2011 年商品貿易占全球比例	16.3%	27.7%
談判進度	2010 年 3 月開始，2012 年 9 月已進行第 14 回合談判，預定在 2014 年底完成談判。	2012 年 11 月金邊東協峰會 16 國達成共識，2013 年初啟動談判，預定於 2015 年底完成談判。
談判議題	貨物、服務與投資貿易、貿易便利化、智慧財產權保護、競爭政策、勞工標準、安全標準、政府補貼、技術貿易壁壘、限制國營企業等等。	只是討論貨物貿易、服務貿易和投資三方面。
規範標準	高	低

資料來源：International Monetary Fund, World Economic Outlook Database, October 2012，以及作者計算。

註：1. 世界人口以 71 億來計算；世界 GDP 總值約 60.56 兆美元來計算。
　　2. 表中統計數字為 2011 年資料，因加拿大、墨西哥於 2012 年 10 月加入 TPP 談判、日本於 2013 年 3 月加入 TPP 談判，因此該數據未包括此三國。

再者，從組建自由貿易組織的開放程度、可行性和達成難易度等方面來看，TPP開放程度大，規範標準較高，RCEP則是循序漸進地推進經濟自由化，可行性比較高。一般而言，若相互間的開放程度不夠，則加入之意義不大，反倒是政治上的象徵意義會比較高；但若是開放程度過大，加入條件又過高，脫離了各國實際經濟狀況，則實施起來的難度也很大。

根據目前TPP談判的要求，TPP將會是一個高標準的FTA集團，除大幅調降關稅外，其所涵蓋的自由化議題中，包含了服務業及外資開放、國營事業規範、法規透明及調和、智慧財產權保護、勞工標準、貿易便利化等，都是朝高度自由的水準發展。而RCEP的開放程度雖然將高於目前已與東協簽的5個自由貿易協定，但是基於各成員國經濟發展差異性和多樣性，還是會儘量考慮到各成員國的可行性、漸進性和過渡性，循序漸進推進亞太區域經濟自由化的進程，而不像TPP一上來就制定了美國為主導的過高開放要求和標準，讓參與國感到難度很大，這也是日本才遲遲不參與的重要原因。而目前美國正值選舉之際，落實談判的時間將往後延遲到2014年，甚至到2015年。此外，與東協建立RCEP的6個國家，均已經與東協簽署了FTA，在此東協加一FTA的基礎上，有助於擴大經貿整合的程度。換言之，在5個「10＋1」自由貿易區之協定為其實施RCEP奠定了有利基礎條件，這也是RCEP比TPP更容易建成的原因，也是可以立即吸引全球矚目的關鍵。

總而言之，RCEP可能比TPP後發先至。因為參加RCEP的各國，彼此間原本就有FTA簽署優勢的加持，加上其自由化標準可能有比較多的彈性空間，所以儘管RCEP出現較晚，但卻有後發先至的效果，比TPP更早完成談判的潛力，實在不能忽略

RCEP 所帶來的影響和衝擊。然而，RCEP 成敗在很大程度上取決於東協推動其自身經濟共同體的發展。也就是說，在 2015 年是否能夠落實「東協經濟共同體」（AEC）的進程便十分重要，此將決定日後 RCEP 成敗的關鍵因素。雖然，東協成員國在降低貿易投資壁壘方面已取得顯著進步，但是在真正實現東協貿易一體化的進程上，仍有相當大的距離和難度，畢竟在落實一體化目標的過程中，預定所要完成的監管和立法準備工作，仍有許多還未到位。這主要是因為個別國家對這些監管和立法準備工作有所抗拒，主因便是東協成員國之間的經濟差距巨大，這也將是東協實現經濟一體化的一大障礙。

肆、臺灣的對策

一、積極參與 TPP 與 RCEP 的「雙軌」區域經濟整合

　　近年來，由於臺灣商談雙邊 FTA 有較大政治困難，容易受到中國的打壓，因而應該以追求加入區域「多邊」組織為目標，除了美國發起的 TPP 之外，臺灣應更積極表達欲加入 RCEP 的意願，以突破臺灣與其他國家簽署雙邊 FTA 的困境。換言之，臺灣若能參與 TPP 或 RCEP 等多邊貿易協定，將可一舉解決無法參與雙邊 FTA 的困境，這是臺灣積極參與 TPP 或 RCEP 戰略思維的一個如意算盤。當然最理想的情況是，臺灣能夠同時加入 TPP 與 RCEP 兩大經貿集團，這非容易之事，也考驗著臺灣執政者的能力與智慧，如何達成 TPP 與 RCEP 的「雙軌」區域經濟整合戰略目標，正是政府必須先積極規劃與布局的方向。

二、不得已的選擇：放緩 TPP

　　倘若無法同時加入 TPP 和 RCEP，退而求其次，也必須在

兩者之中衡量自身國家整體利益得失，以國家利益最大化為考量而適度調整策略。自從馬英九總統連任以來，對外的經貿政策一直以加入 TPP 為目標，甚至喊出「8 年入 TPP，愈快愈好」的口號，將 TPP 視為臺灣另一層次 FTA 大戰略的布局。而馬政府的策略路徑思維，便是藉由美牛開放措施，來恢復已經停擺 5 年的「臺美貿易暨投資架構協定」（Trade and Investment Framework Agreement, TIFA）協商，希望透過 TIFA 這個平台，尋求臺美簽署 FTA，甚至透過臺美 FTA 的簽署，進一步搭上美國主導的 TPP。

然而，臺灣和美國 2013 年才可能恢復 TIFA 的協商機制，臺美 FTA 八字還沒一撇，更遑論加入 TPP。況且當臺灣晚於 11 個成員國加入 TPP，只能在 TPP 的規範架構下被迫接受他們已經談好的經貿條件，無法將自身的經濟特性納入協議規範中，對臺灣而言，實屬不利。再者，對於 TPP 規範過高的開放要求，國內各產業是否做好準備足以因應，尚待檢視和查驗。此外，參與 TPP 對臺灣的實質經濟利益之增加可能有限，除了美國之外的 TPP 成員國，若再扣除與 RCEP 重疊的 6 個國家之後，便只剩下幾個經濟勢力較弱的南美經濟體而已，而這些經濟體與臺灣的經貿互動程度較小，是否有必要傾全力投入去參與 TPP，在投資報酬上頗值得臺灣當局審慎檢討。在這些種種契機與現實下，從整體臺灣的國家利益來看，臺灣只專注於加入 TPP 的亞太區域目標策略，似乎有必要再來重新評估與考量調整，畢竟亞太區域整合發展之情勢變化極大，已超乎以往臺灣所規劃的區域參與目標策略之框架。

三、優先加入 RCEP

目前 RCEP 正處於蓄勢待發之際，臺灣豈可漠視此區域契

機，反倒更應該去正視 RCEP 在東亞區域經濟整合的機會，畢竟臺灣與 RCEP 貿易集團成員國的經貿互動程度也明顯地高於 TPP 成員國，約占臺灣總貿易值的六成以上，臺灣與 RCEP 貿易集團成員國的產業分工關係也比 TPP 成員國更為緊密。此外，東協國家占臺灣貿易比重亦日益提高，2012 年 1 到 10 月，臺灣對主要市場出口普遍衰退，唯獨對東協六國增加 9.8%；1 到 10 月的外銷訂單同期比，東協六國增加 6.7%，也超過其他國家。因此，若能順利加入 RCEP，其利益將更勝於 TPP，將更有助於臺灣的對外貿易活動和經濟產業發展。

　　同時，臺灣更能夠憑藉著目前與中國大陸在 ECFA 談判基礎，加上近年來兩岸良好的互動關係，為臺灣參與加入 RCEP 提供有利條件。再者，臺灣已與紐西蘭於 2013 年 7 月簽署「臺澎金馬個別關稅領域與紐西蘭經濟合作協定」（Agreement between New Zealand and the Separate Customs Territory of Taiwan, Penghu, Kinmen and Matsu on Economic Cooperation，簡稱 ANZTEC）、亦與新加坡於 2013 月 11 月簽署「新加坡與臺灣、澎湖、金門及馬祖個別關稅領域經濟夥伴協定」（Agreement between Singapore and the Separate Customs Territory of Taiwan, Penghu, Kinmen and Matsu on Economic Partnership，簡稱 ASTEP），甚至目前也正積極地跟東南亞一些國家進行商談 FTA 的研究階段，這些都為臺灣參與 RCEP 顯示出正面的訊息。此外，在 RCEP 自由貿易區還尚未形成之前，若臺灣能夠加入談判，比較能夠將自身的經濟特性納入協議規範當中，這對臺灣未來的經貿發展又將是一大優勢。若臺灣能夠加入成為 RCEP 經貿體的成員，可以參與經濟規模又較 TPP 為大的 RCEP，則對臺灣的經貿競爭力有很大的助益，更可以極大化臺灣的經貿利益。

四、搭上東亞區域整合的列車：避免落入被邊緣化的困境

綜合上述，參與 RCEP 和 TPP 是臺灣對外經貿戰略布局中非常重要一環，政府應該在加入 RCEP 和 TPP 之間取得平衡，民間廠商與企業應該積極轉型與調整，以因應開放市場的挑戰，才能確保臺灣對外經貿戰略的最大利益，以避免臺灣落入被邊緣化的困境。具體來說，政府應加速推動 ECFA 後續服務貿易及商品貿易的談判，透過 ECFA 和東協加一自貿區的效應，連結東協市場；同時，透過臺星經貿協議示範效果，伸入東南亞市場，再直驅進入中國市場，形成雙軌的交叉環抱策略。再者，應同步和大陸積極協商臺灣參加 RCEP 等區域經濟整合的可行途徑，多管齊下，為臺灣經濟發展注入新的動能。

整體而言，透過瞭解東亞區域的經濟整合與發展，並評估東亞區域整合的趨勢，如何有效推動臺灣與 RCEP 或「東協加六」國家之間的經濟整合發展，是當前臺灣加入區域經貿整合的重要策略，而此政策與參與 TPP 可說並行而不相悖，亦可達到相輔相成的效果。當此之際，臺灣不但要擁抱美歐市場，更要掌握中國與東南亞的市場，還要擴展至與臺灣經貿程度相當大的東亞國家，政府有必要以 RCEP 經貿整合為優先目標，這將是臺灣未來關鍵「黃金十年」的重要區域發展策略。

貳 談判進展

TPP 與 RCEP 談判進展及其對臺灣之影響與因應評析 *

葉長城

中華經濟研究院 WTO 及 RTA 中心助研究員

壹、前言

當前亞太區域經濟整合主要係以跨太平洋地區為訴求與以亞洲中心兩大整合途徑為主。其中,「跨太平洋夥伴協定」(Trans-Pacific Partnership Agreement,TPP 或 TPPA)係為連結亞太區域貿易協定(Regional Trade Agreement, RTA)的典型代表,而東協「區域全面經濟夥伴協定」(Regional Comprehensive Economic Partnership, RCEP)則為目前亞洲中心整合途徑中最大的區域經濟整合勢力。兩者對亞太各國的經貿影響重大,臺灣由於超過六成的出口市場係以亞太地區為主,因此該區域經濟整合的動向對我國經貿的長遠發展,影響尤為關鍵。本文除扼要概述 TPP 與 RCEP 最新的談判進展外,亦將評析亞太區域經濟整合未來的可能動向與競合,並於最後簡析 TPP 與 RCEP 談判對臺灣可能的經貿影響,同時據此提出相關因應建議。

---

* 本文轉載於經濟部投資業務處發行之《全球台商 e 焦點雙週刊》第 236 期。

貳、跨太平洋夥伴協定（TPP）之談判進展

TPP 的緣起最早可追溯至其前身跨太平洋戰略經濟夥伴協定（Trans-Pacific Strategic Economic Partnership, TPSEP）的形成。該協定主要由紐、星、智、汶（即所謂「太平洋四國」）（Pacific 4, P4）於 2005 年簽署，係第一個連結亞洲、太平洋與拉丁美洲地區的區域貿易協定（RTA）。回顧 1990 年代中期，由於 1997 年亞洲金融危機爆發後，日本、中國大陸、韓國與東協等 Asia-Pacific Economic Cooperation（APEC）中的亞洲會員體，對於美國柯林頓政府（Clinton administration，1993～2001 年）未能在如何強化 APEC 因應亞洲金融危機上採取較積極的作為有所不滿，轉而於 1997 年發起「東協加三合作」（ASEAN Plus Three Cooperation, APT）進程，希望藉此提升亞洲國家在包括金融合作及貿易便捷化等多項議題上的合作能量。

後續，美國為了因應「東協加三」合作倡議，強化其對亞洲區域經濟整合的參與，即於 1998 年與新加坡首次提出洽簽囊括新加坡、紐西蘭、澳洲、智利與美國等「太平洋五國協定」（Pacific 5 agreement）的構想，期盼藉此對「東協加三」做出回應，並刺激及吸引 APEC 其他亞洲會員體加入該協定。惟後續由於美國柯林頓政府並未獲得國會的貿易談判授權，且澳洲亦未對此提議表態支持，故最後僅餘紐、星兩國繼續推動洽簽雙邊貿易協定的進程。

2001 年，就在紐、星兩國簽署「紐－星更緊密經濟夥伴協定」（Agreement between New Zealand and Singapore on a Closer Economic Partnership, ANZSCEP），智利後續亦表達希望參與 ANZSCEP 的意願。紐、星、智 3 國在洽簽貿易協定時，均有藉

由該協定的簽署打造一個具備戰略意涵的架構平台,以供未來此類緊密經濟夥伴關係,擴增至亞太區域的共識,因此便決定以 TPSEP 為名,正式啟動洽簽三邊貿易協定的談判進程。2005 年 7 月,在 TPSEP 歷經 4 回合談判後,由紐、星、智首先簽署,汶萊亦於同年 8 月簽署加入。

惟針對投資與金融服務專章部分,P4 於 TPSEP 最終條款中規定將留待協定正式生效後兩年內繼續進行談判,而此一安排也為日後美國加入 TPSEP 談判提供機會。2008 年 9 月,小布希政府（George W. Bush administration,2001～2009 年）眼見 WTO 杜哈回合談判恐難於短期達成實質談判進展,而美國又欲借重 TPP 為 APEC 貿易議題注入新動力,以加大在 APEC 架構下,實現「亞太自由貿易區」（Free Trade Area of the Asia Pacific, FTAAP）的可能性,為此,美國便決定在 TPSEP 金融服務與投資議題第 3 回合磋商時期,加入 TPSEP 的談判。自美國加入談判後,TPSEP 即改稱為 TPP,且其談判成員國逐漸擴增,包括澳洲、秘魯、越南、馬來西亞、墨西哥、加拿大與日本均陸續加入。[1]

回顧自 2010 年美國歐巴馬政府（Obama administration）任內大力主導推動 TPP 擴大談判迄今（2013 年 6 月）,TPP 已進行 17 回合的正式談判,預定 2013 年 7 月將在馬來西亞召開第 18 回合談判。屆時新加入談判的成員國日本於 TPP 成員國國內程序完成後,可望正式參與談判,使 TPP 成為一個囊括 12 個談判成員國的經濟整合體。儘管,以美國為首的 TPP 成員國提出希望於 2013 年 10 月達成完成談判的具體目標,但按目前 TPP 各

---

[1] 本段落主要係增補改寫自葉長城（2013）。〈近期亞太區域經濟整合最新進展及其對我國之影響與因應〉,《全球台商 e 焦點電子報》,231。取自 http://twbusiness.nat.gov.tw/epaperArticle.do?id=223510528

成員國對爭議議題談判立場的分歧,以及日本將於 7 月加入正式談判的情勢研判,TPP 欲於 2013 年完成談判的難度頗高。

根據 TPP 第 17 回合的談判結果顯示,目前 TPP 在 29 章議題的談判進展方面,包括服務業、政府採購、「食品安全檢驗及動植物防疫檢疫」(agreement on the application of sanitary and phytosanitary measures, SPS)措施、貿易救濟、勞工與爭端解決章節已有具體進展。另外,在技術性貿易障礙、電子商務、原產地規則、投資、金融服務、透明化、競爭政策與環境的法律條文諮商部分亦有斬獲。至於,在最具爭議性的智慧財產權、競爭與環境章節部分,仍有待後續進一步的協商,以縮小 TPP 各談判成員國的立場差距(Office of the United States Trade Representative, 2013)。

參、東協「區域全面經濟夥伴協定」(RCEP)之談判進展[2]

有關以東協為核心的「東協加 N」(ASEAN plus N)的區域經濟整合進程方面,主要可分為東協對內與對外的區域經濟整合。首先,在東協內部的整合部分,由於 1990 年代 APEC 論壇成立與北美自由貿易區(North American Free Trade Agreement, NAFTA)及歐洲單一市場吸引不少全球投資者進入,在外有新興經濟力崛起的競爭壓力,而東協國家本身經濟條件亦有顯著改善,欲推動進一步市場整合動能等內外因素的影響下,促成東

---

[2] 本節主要係增補改寫自葉長城(2013)。〈近期亞太區域經濟整合最新進展及其對我國之影響與因應〉,《全球台商 e 焦點電子報》,231。取自 http://twbusiness.nat.gov.tw/epaperArticle.do?id=223510528

協決定於 1992 年成立「東協自由貿易區」（ASEAN Free Trade Area, AFTA）。東協此舉一方面除希望藉此強化東協國家彼此的經濟合作，以鞏固其在亞太經濟整合中的核心地位，另一方面，則期盼透過建立較大的區域市場，加強全球投資者對東協區域的重視。

後續，在中國大陸與印度等新興大型經濟體快速發展的競爭壓力下，東協於 2003 年決定進一步深化區域內的整合。為此，東協通過了建立「東協共同體」（ASEAN Community）的具體目標，並簽署「峇里第二協約」（Bali Concord II）。2007 年 11 月，東協更正式通過《東協憲章》（*ASEAN Charter*），決議將「東協 2020 願景」及「峇里第二協約」建立共同體的理想，提前於 2015 年實現。基本上，該憲章的通過不僅賦予東協作為一國際組織的法律地位，也為東協建立了運作的正式法律及制度架構。

其中，在「東協經濟共同體」（ASEAN Economic Community, AEC）的推動進程方面，東協主要希望能實現區域內的深度整合目標。2009 年，東協高峰會通過「2009 年～2015 年東協共同體路徑圖宣言」（Cha-Am Hua Hin Declaration on the Roadmap for the ASEAN），並提出建立「東協經濟共同體藍圖」（AEC Blueprint）。該項藍圖為東協勾勒出未來深度經濟整合的藍圖，並期盼於 2015 年將東協轉變成一個商品、服務、投資、技術性勞工與資本流動更加自由的區域。後續，在 2010 年 5 月，東協內部更簽署了「東協貨品貿易協定」（ASEAN Trade in Goods Agreement, ATIGA），希望加強原先的貨品貿易自由化安排，並有效降低區域內會員國的貨品流通成本。

其次，在對外推動區域經濟整合方面，東協自 1997 年以後亦採取雙邊途徑與「東協加 N」模式，同步推動以東協為中心的

區域經濟整合。在雙邊途徑的進展方面，東協過去已先後與中國大陸、日本、韓國、澳洲及紐西蘭、印度簽署5個「東協加一」FTA；其次，在「東協加N」模式進展方面，包括「東協加三」（即東協與中、日、韓）、「東協加六」（即「東協加三」，再加上印度、澳洲與紐西蘭）等倡議亦有些許進展。惟在面臨中國大陸偏好「東協加三」，希望藉此發展東亞區域主義，並實現建立「東亞自由貿易區」（East Asia Free Trade Area, EAFTA）的目標，但日本卻希望透過「東協加六」，另外納入印度、紐澳等經濟體平衡中國大陸勢力，以建構所謂「東亞全面經濟夥伴」（Comprehensive Economic Partnership for East Asia, CEPEA）等兩大路徑與立場分歧下，無論是「東協加三」或「東協加六」，過去在具體進展上始終不如預期。

後續，2011年2月，隨著TPP擴大談判聲勢日隆，而「東協加N」模式的擴展卻常因「東協加三」與「東協加六」的路線之爭，而遲遲無法跨越拓展障礙，東協為確保自身在區域經濟整合中的核心地位，並站在有效整合與優化既有雙邊FTA的基礎上，持續推動東協對外的區域經濟整合。東協除首先於緬甸首都奈比多（Naypyidaw）舉辦的第18屆東協經濟部長非正式會議（18th ASEAN Economic Ministers Retreat），提出有關洽簽RCEP的草案文件，更緊接著在同年（2011年）11月，第19屆東協高峰會正式通過RCEP的區域整合架構倡議。

根據東協的最初構想，RCEP未來將在由東協領導的過程中，與東協的FTA夥伴國（包括澳洲、中國大陸、日本、韓國、印度與紐西蘭）及其他欲加入東協的貿易夥伴，重啟與推動有關建立自由貿易區的討論，而該自由貿易區則將以消除95%的貨品關稅做為其主要目標。2012年11月，為加速RCEP展開談判，

東協高峰會進一步確認「RCEP談判指導原則與目標」，並與包括澳洲、中國大陸、印度、日本、韓國與紐西蘭的經貿部長，共同提出「發起RCEP談判聯合宣言」，宣布目前參與RCEP的16個國家，將在達成一項具現代性、全面性、高品質與互利的經濟夥伴協定目標下，以既存的「東協加一」FTA的經濟連結為基礎，於2013年初正式開啟談判，並根據「RCEP談判指導原則與目標」，在2015年底完成RCEP的談判簽署工作。

2013年5月，RCEP於汶萊正式展開首輪談判，與會的16國談判代表除決定將於2013年9月在澳洲繼續進行第2輪談判外，亦再度重申RCEP將於2015年底完成談判。本回合談判RCEP各談判成員國特別聲明共同承認在此一新興區域經濟架構中，東協所扮演的核心地位。其中，包括中、日、韓、印度、紐、澳等東協FTA夥伴國，均表示將支持及致力於經濟整合與平等的經濟發展，並強化參與成員國間的經濟合作。至於，在推動整合的方式上，東協將在承認各參與國個別與多樣的環境差異的前提下，以對既存「東協加一」FTA的顯著改善為目標，擴大與深化彼此的交往。為此，RCEP將考量不同參與國的發展程度，提供包括特殊與差別待遇的條款，並在盡可能符合既存「東協加1」FTA規範的情況下，給予東協低度開發會員國額外的彈性規定。至於，在RCEP可能包括的談判議題方面，該協定除將以促進貿易及投資、增強參與國間貿易及投資關係的透明化為談判焦點外，亦將致力於促進參與國對全球與區域供應鏈議題的解決（Regional Comprehensive Economic Partnership, 2013）。

肆、亞太區域經濟整合未來之可能動向與競合

當前亞太區域經濟整合係以TPP與RCEP兩大途徑為主，

若根據2012年10月IMF世界經濟展望（World Economic Outlook）資料庫公布的統計數據計算，TPP 12國的gross domestic product（GDP）總值已占全球GDP的38.05%，不僅高於北美自由貿易區的25.71%、歐盟的24.9%、東協的3.34%，更高於目前以「東協加六」為基礎的RCEP的28.51%，堪稱全球最大的區域整合勢力。

不過，儘管如此，隨著TPP擴大談判聲勢日漸加大，反而進一步刺激亞洲中心整合途徑的發展，特別是不少輿論均將TPP當是美國「重返亞洲」（back in Asia）與推動「亞太區域再平衡」（rebalancing toward the Asia-Pacific region）政策的戰略工具之一。在眾多分析報導刻意凸顯TPP可能成為一個將中國大陸排除在外的「高標準」（high-quality）貿易協定的情況下（Pilling，2013年5月24日），中國大陸近期積極推動中韓FTA、中日韓FTA談判，並轉而支持RCEP儘快展開正式談判等一連串的作為，似乎正是對於美國亞太經貿布局的明確回應。

此外，對於東協而言，在TPP不斷向亞洲吸納更多談判成員的過程中，似乎只有強調RCEP在FTA談判的範圍與基礎上，將採取彈性及循序漸進的方式，並納入包括特殊與差別待遇等條款的作法，才可以與強調將採用高標準、單一認諾與一步到位途徑推動下世代FTA的TPP做出明顯區隔。東協此一反應，主要不僅為顧及RCEP成員間發展水平差異極大的現實，同時亦有藉此鞏固東協核心地位的策略意圖。

基本上，根據目前的情勢研判，未來在短期內亞太地區以跨太平洋與亞洲中心兩大整合途徑為主的發展趨勢將更加明顯，而在這兩大途徑又各自以TPP與RCEP為代表的整合趨勢中，相對較小的經濟體將會因各自得以進入中國大陸及美國市場而得到較

大的經貿利益。此外，對於新加坡、日本、越南、馬來西亞、澳洲、紐西蘭與汶萊，這些目前同時加入 TPP 與 RCEP 談判的國家而言，這兩大整合趨勢並不存在所謂「非彼即此」的衝突。尤其未來當兩大經濟整合體不斷擴張，將有可能因為加入後經濟效益的增大，而進一步強化更多國家尋求同時參與兩者的意願。此時，兩大經濟整合體為拉攏更多成員國加入，亦有可能為此增加參與規則及標準的彈性（Petri & Plummer, 2012）。

不過，整體而言，兩者於中短期內整合的難度仍相對較高，但就刺激亞太區域經濟整合的發展進程來說，兩大經濟整合體談判時程的高度重疊性，與相互激勵效應，似已達成加速區域經濟整合談判的階段性目標。正因如此，2012 年 5 月底，甚至出現美國商務部副部長桑切斯（Francisco Sanchez）在訪問日本時首度鬆口，表示在一定的前提下歡迎中國大陸加入 TPP 的消息。而大陸商務部發言人沈丹陽也對此表示中國大陸將分析其加入 TPP 的可能性作為回應（韓化宇，2013 年 5 月 31 日）。惟後續發展與變化，仍有待進一步的觀察。

伍、結語：TPP 與 RCEP 談判對臺灣之可能經貿影響與因應

我國於 2011 年「黃金十年」國家願景計劃中，已正式將「開放布局」列為施政主軸，並提出包括：一、積極洽簽經貿協定，融入區域整合，連結亞太，布局全球；二、進一步邁向經濟自由化，以吸引跨國企業在臺設立區域營運總部；三、打造臺灣成為全球企業進出亞太市場的最佳門戶；四、逐步創造條件，以加入 TPP 做為努力目標。其中，經濟部為依「多元接觸，逐一洽簽」原則，持續推動與主要貿易夥伴國洽簽經濟合作協定（Economic

Cooperation Agreement, ECA），更提出將於 2020 年達成我國對外所洽簽 ECA 的貿易額，達我國對外總貿易額的 60% 的具體目標（經濟部經貿談判代表辦公室，2013）。

準此，按 2012 年財政部關務署的統計資料顯示，無論 TPP 或 RCEP 市場在扣除中國大陸（含香港）部分（約占我國 2012 年出口總值的 39.394%；貿易總額的 28.376%）後，均占我國出口值的三成一及貿易總額的三成五以上。顯見，未來我國在完成兩岸 ECFA 後續談判後，若未能適時加入 TPP 或 RCEP，不僅將難以於短期內達成 ECA 貿易涵蓋率達我國貿易總額 60% 的目標，同時亦可能面臨因主要出口市場未能納入區域貿易協定，無法享有優惠關稅及其他便捷化措施的綜合效益等待遇，而陷入出口衰退，競爭力大幅下降的困境。

為有效避免此一衝擊與困境，本文的具體政策建議如下（葉長城，2012，2013）：

一、對內部分

（一）充分凝聚國內支持自由化的信念與政治力量，並針對立法部門與國內主要產業團體進行政治上的個別說服行動（retail politics），以爭取各界對政府推動大幅度自由化政策的支持。

（二）有效統合公、私部門豐沛資源，且給予第一線談判官員明確的談判授權，藉此消除推動貿易自由化政策的國內政治障礙，並為我國對外成功拓展 ECA ／ FTA 布局，奠定堅實的國內支持基礎。

（三）為爭取我國加入區域經濟整合的機會，未來我國在面對加

入區域經濟整合時，勢必要有一些符合當前國際經濟整合思維的作法，主要是貿易政策必須自由化，面對國內產業發展或國內業者受影響者則另以產業政策或福利政策處理。

（四）及早研擬具體產業調整與法規革新等配套措施，並備妥可能受損產業及勞工的衝擊因應辦法與相關經費與預算，為我國推動進一步自由化的政策，創造相關有利的國內條件與環境。

（五）我國產業界亦宜密切注意相關重大區域經濟整合趨勢，適時調整產業布局及分工，以有效降低外在經濟環境變化對未來自身營運的衝擊。

二、對外部分

（一）審慎處理兩岸與臺美關係，並妥善運用 APEC 場域及雙邊管道，爭取及掌握任何有助於我提升區域經濟整合參與的機會。

（二）對外持續加速推動洽簽 ECA／FTA 布局，藉由同步推動跨區域及區域內的雙邊與複邊高品質 FTA，追求國家最大利益。

（三）積極爭取與亞太國家洽簽雙邊 ECA 或適當運用「堆積木」策略，從進行特定議題領域的合作開始，建立未來洽簽雙邊 ECA 的基礎，以逐步創造參與 TPP 及 RCEP 等區域經濟整合的條件。特別是應加強與有利我國加入 TPP 及 RCEP 的主要貿易夥伴國的雙邊關係，以爭取其支持（例如 TPP 中的美、紐、澳與 RCEP 中的印尼等）。

參考文獻

葉長城(2012)。〈中國大陸與亞太區域經濟整合新趨勢:兼論對臺灣的影響與因應〉,《戰略安全研析》,90:25-39。

──(2013)。〈近期亞太區域經濟整合最新進展及其對我國之影響與因應〉,《全球台商 e 焦點電子報》,231。取自 http://twbusiness.nat.gov.tw/epaperArticle.do?id=223510528

經濟部經貿談判代表辦公室(2013)。〈我國與主要貿易國家(美國、新加坡、歐盟、東協、日本、紐西蘭、印度、澳洲等國)之 FTA 洽簽進展情形〉。取自 http://www.moea.gov.tw/Mns/otn/content/Content.aspx?menu_id=5457

韓化宇(2013 年 5 月 31 日)。〈美首度邀請,中國加入 TPP 有譜〉,《中時電子報》。取自 http://www.chinatimes.com/newspapers/20130531000916-260301

Pilling, D.(2013 年 5 月 24 日)。〈禁止中國入內的俱樂部?〉,《金融時報》。取自 http://big5.ftchinese.com/story/001050577

Office of the United States Trade Representative. (2013). *Trans-Pacific Partnership negotiations maintain strong momentum*. Retrieved from http://www.ustr.gov/about-us/press-office/press-releases/2013/may/tpp-negotiations-strong-momentum

Petri, P. A., & Plummer, M. G. (2012). *The Trans-Pacific Partnership and Asia-Pacific integration: Policy implications*. Policy Brief No. PB12-16. Washington, DC: Peterson Institute for International Economics.

Regional Comprehensive Economic Partnership. (2013). *Joint statement the first meeting of trade negotiating committee*. Retrieved from http://www.asean.org/images/2013/other_documents/Joint_statement_1st_RCEP%20TNC_08May2013_final.pdf

TPP、RCEP 與臺灣經濟發展

譚瑾瑜
國家政策研究基金會科技經濟組副研究員

壹、前言

亞太區域經濟整合在近 10 年來發展迅速，目前生效的「區域貿易協定」（Regional Trade Agreement, RTA）中，81% 的東亞地區 RTAs 是在近 10 年生效。[1] 若就經濟規模觀察，美國、中國大陸、日本等前 3 大經濟體均在亞太地區，且逐漸朝向簽署大型自由貿易協定（Mega Free Trade Agreements, Mega FTAs）的趨勢。

目前亞太地區中，以跨太平洋夥伴協定（Trans-Pacific Partnership, TPP）與區域全面經濟夥伴協議（Regional Comprehensive Economic Partnership, RCEP）兩大區域貿易協定最受矚目，兩者均為大型自由貿易協定，參與國家亦涵蓋大多數亞太國家。[2] 使得亞太區域經濟整合的效益及影響不容忽視。

---

[1] 其數據參照 World Trade Organization（2014）數據資料庫計算而得。東亞地區 1995 年之前生效 RTAs 僅占東亞地區全部生效 RTAs 的 7.9%，1995 年至 2004 年生效的 RTAs 則占 11.1%。

[2] 以 2012 年國內生產毛額（Gross Domestic Product, GDP）數據計算，TPP 目前談判國家共計 12 個，談判國家占全球 GDP 的比重便高達 38%；RCEP 成員占全球 GDP 比重亦達 29%。

臺灣身處亞太地區，亞太地區國家多為臺灣主要貿易夥伴，面對亞太區域經濟整合態勢，若能掌握趨勢並加以因應，將可在此波區域經濟整合中共享區域自由化之繁榮，反之亦然。基於此，本文擬分析亞太區域經濟整合兩大重要區域貿易協定──TPP與RCEP，提出TPP與RCEP對於臺灣經濟發展的影響，並提出臺灣因應之道。

貳、TPP與RCEP發展現況

一、TPP發展現況

跨太平洋夥伴協定（TPP）於2005年由紐西蘭、新加坡、智利、汶萊等4國成立，2009年因為美國正式宣布加入後，參與TPP談判國家迅速拓展，除了紐西蘭、新加坡、智利、汶萊等4個原始會員國及美國之外，目前澳洲、秘魯、越南、馬來西亞、加拿大、墨西哥、日本等國亦參與談判，共計12國。若以2012年GDP衡量，TPP參與談判國占全球GDP的比重高達38%，加上前3大經濟體中的美國及日本均在其中，使得進入TPP等於是與美、日完成FTA的簽署，由此可見TPP對於亞太國家的吸引力。

美國積極主導TPP後，TPP成為亞太地區新型態的高標準區域貿易協定，雖然完整議題及內容未正式出爐，然而根據《TPP廣泛輪廓大綱》（*Enhancing Trade and Investment, Supporting Jobs, Economic Growth and Development: Outlines of the Trans-Pacific Partnership Agreement*），TPP議題除了包含貨品市場進入、跨境服務貿易、技術性貿易障礙、競爭政策、智慧財產權、投資、政府採購、食品安全檢驗及動植物防疫檢疫措施、關務、原產地規則、紡織品與成衣、貿易救濟、商務人士暫准進入、法規議題，以及尚研擬中的關稅承諾表等FTA傳統貿易議題之

外,尚有合作與能力建構、電子商務、環境、金融服務、電信與勞工等新興議題(Office of the United States trade representative executive office of the president, 2011)。

新形態、高標準的理念,加上日本至第 17 回合才首次全程參與回合談判,使得 TPP 完成談判時程有所落後。2013 年 12 月 7 日至 10 日於新加坡舉行 TPP 部長會議,在智慧財產權、環境、競爭政策中的國營事業等專章爭議較大之下,TPP 29 個章節中尚有 7 至 8 個章節待解決,導致 TPP 並未在預定時程內完成談判(行政院大陸委員會香港事務局商務組,2014;駐新加坡代表處,2013)。

朱炎(2014 年 5 月)提出日本在 TPP 談判中,日美 TPP 談判因豬肉、汽車、牛肉、乳製品、稻米及小麥等開放准入條件未達共識陷入僵局,[3] 而對應美國的要求,日本採取 5 個因應策略,包括:(一)接受資格審查時的要求及讓步,包括牛肉進口等;(二)要求承認例外,遊說其他成員國部分產品保留關稅;(三)制定維持關稅的禁區並死守底線,包括稻米、小麥、砂糖、乳製品和肉類等 5 大項、586 個稅目;(四)期待透過領袖會談政治解決;(五)透過日澳經濟夥伴協定(Japan-Australia Economic Partnership Agreement)之簽署做為加入 TPP 的預演,以同樣為農畜大國的澳洲為例,實現日本農產品保留關稅,將部分農產品排除在減免對象外,創造例外,向美國施壓(朱炎,2014 年 5 月:10-13)。日本加入談判 TPP 之後,除了間接延後 TPP 談判

---

[3] 豬肉部分,美國要求廢除超價徵稅制度,日本主張保留,並適當降低稅額;汽車部分,美國要求日本降低技術標準,美國汽車可直接進口並設立進口指標,日本反對;牛肉部分,日本主張稅率從 38.5% 降至 20%,美國要求稅率降至接近零;乳製品部分,美國要求乳酪免稅,但規定進口限量;稻米及小麥則在維持關稅下,規定低關稅從美國進口的限量。

時程之外,在日本得到例外的同時,其他 TPP 參與談判國如越南、馬來西亞等亦開始群起效尤,重新要求保障國營事業,肇使 TPP 高開放標準有鬆動的傾向,加上美國貿易授權法案(Trade Promotion Act, TPA)尚未獲得國會授權,TPP 談判進展仍有變數。

二、RCEP 發展現況

區域全面經濟夥伴協議(RCEP)於 2011 年 11 月第 19 屆東協高峰會提出,參與成員除東協 10 個會員國外,[4] 尚包括中國大陸、日本、韓國、紐西蘭、澳洲及印度等 6 國,為人口 34 億、GDP 達 18.5 兆美元的自由貿易區。第 19 屆東協高峰會倡議之後,2013 年起正式展開談判,預計 2015 年完成。

2012 年 11 月東協高峰會 16 國領袖共同發表《啟動 RCEP 談判聯合聲明》(*Joint Declaration on the Launch of Negotiations for the Regional Comprehensive Economic Partnership*),正式宣布啟動 RCEP 談判。聲明重點包括:(一)RCEP 談判將於 2013 年開始,並於 2015 年年底前完成;(二)談判遵循《RCEP 談判指導原則與目標》(*Guiding Principles and Objectives for Negotiating the Regional Comprehensive Economic Partnership*)(ASEAN, 2012b)。2013 年 5 月 9 至 13 日於汶萊舉行 RCEP 第一回合談判,會後發表《RCEP 聯合聲明》(*Regional Comprehensive Economic Partnership (RCEP): Joint Statement the First Meeting of Trade Negotiating Committee*),重點包括:遵循《RCEP 談判指導原則與目標》、對於低度發展之東協國家保有特殊及差別待遇之彈性

---

[4] 東協十國包括新加坡、泰國、印尼、馬來西亞、越南、菲律賓、汶萊、寮國、緬甸、柬埔寨。

（ASEAN, 2013）。2013年9月23至27日在澳洲布里斯本舉行第2回合談判，2014年1月20日至25日則於馬來西亞吉隆坡舉行第3回合談判，第4回合則於2014年3月31日至4月4日中國大陸廣西南寧舉辦，第5回合談判在2014年7月14至18日於新加坡舉行，2014年10月中旬第6回合於印度舉辦。

根據《RCEP談判指導原則與目標》，RCEP主要涵蓋的議題包括貨品貿易、服務貿易、投資、經濟與技術合作、智慧財產權、競爭政策、爭端解決等7個議題（ASEAN, 2012a），RCEP第1回合設置貨品貿易、服務貿易、投資等3個工作小組；第3回合增設智慧財產權、競爭政策、經濟技術合作和爭端解決等4個工作小組進行談判事宜。第4回合在貨物貿易上討論關稅、非關稅措施、標準技術法規合格評定模式、衛生與植物衛生措施、海關程式與貿易便捷化、原產地規則等議題；服務貿易及投資部分則就談判範圍、市場准入領域、投資模式文件、投資章節大綱等進行討論（中華人民共和國商務部，2014）。

RCEP基本上係以5個東協加一協定為基礎進行經濟深化，5個東協加一協定中，以東協加印度FTA的貿易自由化程度較低，[5] 此外，東協與日本、印度簽訂的東協加一協定中並沒有服務貿易及投資內容，若以Hoekman指數衡量東協加紐澳FTA、東協加中國大陸FTA、東協加韓國FTA，東協加紐澳FTA服務貿易的開放程度最高。[6] 5個東協加一開放程度的差異，使得RCEP光就貨品貿易及服務貿易進一步開放上便有其挑戰，也因此可以預

---

[5] 5個東協加一關稅平均開放程度由高至低依序為東協加紐澳FTA（95.7%）、東協加中國大陸FTA（94.7%）、東協加韓國FTA（94.5%）、東協加日本FTA（92.8%）、東協加印度FTA（79.6%）。以上數據參考Fukunaga與Isono（2013）。

[6] 數據來源為Fukunaga與Isono（2013）。

期未來開放程度不若 TPP，而印度新政府上任之反自由化立場鮮明，在東協加印度 FTA 貿易自由化程度較低的現況下，印度的開放決定可能影響 RCEP 談判進展。

參、TPP 與 RCEP 對於臺灣經濟發展的影響

TPP 與 RCEP 的發展，使得亞太區域經濟整合進入新的競合態勢，目前兩者均參與的亞太國家重疊性高，包括新加坡、馬來西亞、汶萊、越南、澳洲、紐西蘭、日本等，未加入 TPP 或是 RCEP 的國家只剩臺灣、北韓與香港。

臺灣已有學者針對 TPP 及 RCEP 對臺灣經濟之影響進行相關研究，並均以上述國際間評估區域貿易協定（RTAs）慣用的全球貿易分析計劃（Global Trade Analysis Project, GTAP）模型評估 TPP 及 RCEP 對於臺灣經濟之影響。

有關 TPP 對於臺灣經濟之影響，除吳福成與許博翔（2014）及許博翔（2012）依序採用 GTAP 第 8.1 版及第 8 版評估臺灣加入／未加入 TPP 對於臺灣總體經濟的效益之外，經濟部（2013）亦提出評估報告。以吳福成與許博翔（2014）為例，臺灣若無加入 TPP，實質 GDP 成長率將衰退 0.14%、經濟福利減少 6.63 億美元、出口值減少 6.20 億美元、進口值減少 8.01 億美元，而臺灣產業出口影響幅度由高至低依序為石油及煤製品、鋼鐵、化學橡膠及塑膠製品、機械設備、汽車及零件、金屬製品、其他食品、成衣、其他肉類製品、其他製造業等；若韓國亦加入 TPP 後，臺灣未加入 TPP 將使實質 GDP 成長率將衰退 0.25%、經濟福利減少 13.67 億美元、出口值減少 10.11 億美元、進口值減少 13.91 億美元，而臺灣產業出口影響幅度由高至低依序為化學橡膠及塑

膠製品、紡織、石油及煤製品、鋼鐵、汽車及零件、其他食品、成衣、金屬製品、其他製造業、其他肉類製品等（見表1、表2）（吳福成、許博翔，2014；許博翔，2012）。

另根據經濟部（2013）已提出臺灣加入TPP之經濟評估報告，臺灣若未加入TPP，實質GDP、總產值、總就業人數、社會福利及進出口均有負面衝擊；若臺灣可加入TPP，實質GDP、總產值、總就業人數、社會福利及進出口將依序成長1.95%、1.91%、0.65%、7.6%、5.65%（見表3）。

另TPP對臺灣產業及就業之影響方面，臺灣若未加入TPP，以服務業產值衰退0.5%衝擊最大，就業人數亦將減少13,786人；臺灣若加入TPP，多數產業產值及就業人數均有正向成長，唯農產及其加工業產值及就業人數將受到就大的負面衝擊，其產值將減少19.68億美元，衰退7.37%，而就業人數則將減少16,145人，衰退3.22%（見表4）。

表1 臺灣未加入TPP／RCEP對臺灣總體經濟之影響

	TPP（12國）	TPP（12國加韓國）	RCEP
實質GDP成長率（%）	-0.14	-0.25	-0.76
經濟社會福利效益變動（百萬美元）	-663	-1,367	-5,548
出口值變動（百萬美元）	-620	-1,011	3,467
進口值變動（百萬美元）	-801	-1,391	5,239

資料來源：吳福成與許博翔（2014：19）。

表 2　臺灣未加入 TPP／RCEP 對臺灣產業出口之影響

出口減少順位	TPP（12 國）產業別	衝擊金額（百萬美元）	TPP（12 國加韓國）產業別	衝擊金額（百萬美元）	RCEP 產業別	衝擊金額（百萬美元）
1.	石油及煤製品	-223	化學、橡膠及塑膠製品	-340	化學、橡膠及塑膠製品	-2,189
2.	鋼鐵	-214	紡織	-305	紡織	-1,502
3.	化學、橡膠及塑膠製品	-184	石油及煤製品	-283	機械設備	-1,297
4.	機械設備	-121	鋼鐵	-218	石油及煤製品	-523
5.	汽車及零件	-90	汽車及零件	-100	鋼鐵	-242
6.	金屬製品	-72	其他食品	-91	皮革製品	-99
7.	其他食品	-68	成衣	-67	其他食品	-72
8.	成衣	-39	金屬製品	-54	汽車及零件	-69
9.	其他肉類製品	-25	其他製造業	-31	非鐵金屬	-62
10.	其他製造業	-22	其他肉類製品	-27	礦物製品	-59
	合計	-1,058		-1,516		-6,114

資料來源：吳福成與許博翔（2014：20）。

表 3　臺灣加入／未加入 TPP 對總體經濟之影響

	臺灣未加入 TPP 變化值（百萬美元）	變化（%）	臺灣加入 TPP 變化值（百萬美元）	變化（%）
實質 GDP	-1,091	-0.27	7,801	1.95
總產值	-1,230	-0.13	17,500	1.91
總就業人數	-7,038（人）	-0.07	65,219（人）	0.65
社會福利變化	-1,338	--	8,184	--
貿易條件變動	--	-0.16	--	0.64
總出口值變動	-394.31	-0.13	15,844	5.65
總進口值變動	-591.66	-0.28	16,351	7.61

資料來源：經濟部（2013：10，12）。

表4 臺灣加入/未加入 TPP 對產值與就業之影響

	臺灣未加入 TPP					
	產值			就業人數		
	初值 (百萬美元)	變化值 (百萬美元)	變化 (%)	初值 (人)	變化值 (人)	變化 (%)
農產及其加工業	26,687	-29	-0.11	501,811	-1,067	-0.21
煤、原油、天然氣礦產	3,146	-9	-0.28	36,820	-104	-0.28
製造業	493,445	731	0.15	2,121,693	7,821	0.37
水、電、燃氣	17,726	-31	-0.18	34,212	97	0.28
服務業	376,672	-1,891	-0.50	7,405,663	-13,786	-0.19
合計	917,675	-1,230	-0.13	10,100,199	-7,038	-0.07
	臺灣加入 TPP					
	產值			就業人數		
	初值 (百萬美元)	變化值 (百萬美元)	變化 (%)	初值 (人)	變化值 (人)	變化 (%)
農產及其加工業	26,687	-1,968	-7.37	501,811	-16,145	-3.22
煤、原油、天然氣礦產	3,146	33	1.05	36,820	354	0.96
製造業	493,445	10,407	2.11	2,121,693	74,513	3.51
水、電、燃氣	17,726	450	2.54	34,212	-209	-0.61
服務業	376,672	8,578	2.28	7,405,663	6,705	0.09
合計	917,675	17,500	1.91	10,100,199	65,219	0.65

資料來源：經濟部（2013：10，13）。

在評估 RCEP 對於臺灣經濟影響方面，吳福成與許博翔（2014）得出當前亞太巨型 FTA 中，以 RCEP 對臺灣總體經濟的影響最大，臺灣若無加入 RCEP，經濟成長率將衰退 0.76%，出口及進口將減少 34.67 億美元及 52.39 億美元（見表1），而臺灣產業出口影響幅度由高至低依序為化學橡膠及塑膠製品、紡織、機械設備、石油及煤製品、鋼鐵、皮革製品、其他食品、汽車及零件、非鐵金屬、礦物製品等（見表2）。此外，許博翔

（2012）得出臺灣未加入 RCEP 時，臺灣實質 GDP 金額將衰退 2.61%，臺灣總出口金額及總進口金額將依序減少 63.19 億美元、86.45 億美元，社會福利金額則因臺灣未加入 RCEP 而減少 77.97 億美元的結果，而臺灣受衝擊最大的產業依序為塑化業、石油及煤製品、紡織業、貿易、住宅服務及營造業等，上述產值依序預估減少 117.43 億美元、27.5 億美元、20.5 億美元、9.32 億美元、8.31 億美元、8.28 億美元等。許博翔（2012）亦得出臺灣加入 RCEP 對臺灣總體經濟效益遠高於 TPP 的結論，以經濟成長率及出口為例，臺灣加入 RCEP 後，經濟成長率將成長 4.36%，高於臺灣加入 TPP 的 1.98%；臺灣加入 RCEP 後，出口值將增加 134.22 億美元，高於臺灣加入 TPP 出口值增加 88.29 億美元（吳福成、許博翔，2014；許博翔，2012）。

另中華經濟研究院（中經院）亦曾以 GTAP 模型進行模擬。中華經濟研究院（2007）以 GTAP 第 6 版得出臺灣未加入東協加 6，臺灣實質 GDP 將衰退 1.8%，出口及進口將依序衰退 1.37%、1.81%，福利則減少 21.6 億美元，而臺灣受衝擊最大的產業為紡織業、其他服務業、塑化業、貿易等，上述產值依序預估減少 26.16 億美元、20.24 億美元、17.36 億美元及 10.48 億美元；中華經濟研究院（2010）另以 GTAP 第 7 版評估 5 個東協加 1 協定完成後對於臺灣經濟的影響，在考慮資本可累積的動態效果之下，臺灣實質 GDP 將減少 0.317%，出口減少 0.733%，進口減少 0.989%，福利減少 14.5 億美元，貿易條件惡化 0.282%，而臺灣生產及出口受衝擊的產業主要集中在製造業，尤以紡織業及化學塑膠橡膠製品業受到的衝擊較為嚴重（中華經濟研究院，2007；2010）。

上述研究雖然在衝擊幅度評估有所差異，但仍可明顯得出幾

個結論：第一，臺灣若無加入 TPP 或是 RCEP，臺灣總體經濟將受到負面衝擊，反之亦然；第二，臺灣加入／未加入 RCEP 的效益／衝擊，大於臺灣加入／未加入 TPP 的效益／衝擊，主要原因在於 RCEP 包含臺灣第一大貿易地區——中國大陸；第三，無論是未加入 TPP／RCEP，均有受衝擊產業需要加以因應；第四，GTAP 模型雖可提供簽署 FTA 的事前評估，然而在先天模型的限制下，必須考量評估出來的效益或衝擊，可能有低估的情形存在，包括投資轉移效果、產業供應鏈被取代等。

肆、臺灣因應策略建言

面對 TPP 及 RCEP 之積極推動，臺灣若能加入，將有助於臺灣經濟成長、創造就業及促進進出口，應努力加入。然而不可否認的是，若干產業也會因此受到衝擊，政府應及早因應，協助廠商提升競爭力。以下本文提出臺灣面對亞太區域經濟整合進展之因應策略，做為政府擬定政策之參考。

一、積極加入 TPP，融入亞太區域經濟整合，並以 TPP 做為法規鬆綁的標準

由於跨太平洋夥伴協定（TPP）為新型態高標準的區域貿易協定，臺灣應繼續研議參與 TPP，做為臺灣重要的開放布局策略，並將重點放在藉由檢視 TPP 各會員國相關 FTA 自由化的程度，預先準備臺灣在談判時會遇到的談判難關，做為進一步鬆綁臺灣經貿法規的標準，落實做好開放市場的準備。

由於美國及日本的 GDP 占 TPP 會員國的比重九成多，又是臺灣主要貿易夥伴，政府應當列為重要研究國家，針對其簽署的

FTA 內容，進行分析與整理，提出美方及日方談判時的重點，並針對臺美貿易暨投資架構協定（Trade and Investment Framework Agreement, TIFA）一直無法突破的產品，諸如美國牛肉進口等，做好談判之前的準備工作。

二、臺灣應積極尋求美國支持加入 TPP，並掌握大陸加入 TPP 的意願，提高臺灣加入 TPP 的機率

由於美國主導 TPP 談判，為加入 TPP，臺灣應積極尋求美國支持。此外，雖然 TPP 歡迎亞太地區有興趣的國家加入，只要被 TPP 成員認可，便具有加入的資格，然而在大陸是否加入 TPP 未明朗化之下，臺灣想要立即加入 TPP 談判的可能並不容易。因此，為提高臺灣儘早加入 TPP 之機率，臺灣應積極掌握大陸加入 TPP 之意願及相關因應措施。

三、儘速推動臺灣加入 RCEP，推動以外圍經濟夥伴方式直接加入 RCEP 多邊談判為最短路徑為目標

RCEP 會員體均為臺灣重要貿易夥伴，不加入將衍生新一波邊緣化危機。RCEP 開放其他外圍經濟夥伴於 RCEP 完成談判之後加入，倘若 RCEP 內部並無阻撓臺灣進入 RCEP 的反對力量，臺灣將有可能在 2015 年接受 RCEP 談判完成後的開放條款及條件後，透過 RCEP 加入東亞區域整合之中。因此，臺灣應儘速於 2015 年 RCEP 完成談判前，推動臺灣加入 RCEP，並儘速掌握 2015 年 RCEP 談判完成後之外圍經濟夥伴參與條款之發展，推動以外圍經濟夥伴方式直接加入 RCEP 多邊談判為最短路徑為目標。

四、密切注意中國大陸亞太區域經濟整合路徑之動向

　　5個東協加一協定在推動RCEP當中,將面臨一定的整合困難。莊芮與王悅媛(2014年5月)提到RCEP本身的內容及特點,決定了該機制未來談判進程中必然面臨內部FTA整合困難、東協向心力和共同意志缺失等問題,並提出中國大陸未來東亞區域經濟整合的路徑選擇包括:第一、放棄東協十加三路徑,深化東協十加一的合作;第二,繼續積極促成RCEP;第三,依託APEC,推動亞太自由貿易區(Free Trade Area of the Asia Pacific, FTAAP)(莊芮、王悅媛,2014年5月)。有鑑於中國大陸在亞太區域經濟整合之重要性及兩岸關係之特殊性,臺灣有必要掌握中國大陸的亞太區域經濟整合主張之動向,做為臺灣加入亞太區域經濟整合之決策考量之一。

五、儘速與TPP及RCEP參與國推動雙邊FTA談判

　　臺灣雖然已與同時參與TPP及RCEP的新加坡及紐西蘭完成自由貿易協定之簽署,然而為了儘速加快臺灣融入區域經濟整合的腳步,仍應儘速繼續與TPP及RCEP參與國推動雙邊FTA,俟TPP或RCEP談判完成後,屆時臺灣也透過簽署雙邊自由貿易協定方式,使國內經貿法規與國際接軌,有助於提高臺灣加入TPP及RCEP的機率。

六、海峽兩岸服務貿易協議儘速生效,海峽兩岸貨品貿易協議儘速簽署完成,持續深化兩岸經濟合作

　　中國大陸為韓國FTA政策中之重要簽署對象,目前亦積極簽署中韓FTA,加上中國大陸——東協自由貿易區為RCEP參照的5個東協加一之一,也是RCEP經濟規模最大的會員。臺灣應把

握與中國大陸已經完成的海峽兩岸經濟合作架構協議（Economic Cooperation Framework Agreement, ECFA），並加快 ECFA 後續談判腳步，儘速完成海峽兩岸服務貿易協議之生效及海峽兩岸貨品貿易協議之簽署，降低臺灣經濟受到未加入 RCEP 及中韓 FTA 的負面衝擊。

七、利用兩岸經合會等既有機制持續去除兩岸貿易及非貿易障礙

兩岸應積極進行深化兩岸經濟合作，包括利用兩岸經合會既有機制，持續去除兩岸貿易及非貿易障礙；重新檢視大陸已簽署之 FTA 開放內容，以及內地與香港關於建立更緊密經貿關係的安排（Mainland and Hong Kong Closer Economic Partnership Arrangement, CEPA）已開放之服務貿易內容，積極爭取開放大陸市場給臺灣；建立兩岸貨品貿易及服務貿易障礙反應機制，協助廠商利用海峽兩岸服務貿易協議及即將簽署的海峽兩岸貨品貿易協議，拓展大陸市場，降低廠商單打獨鬥所遇到的市場風險；有鑑於試點合作是大陸進行政策開放及產業合作時常採行的措施，爭取擴大試點業別及試點區域，擴大兩岸產業合作等。

八、尋求兩岸共同參與全球及東亞區域經濟整合的可行途徑，一同融入亞太區域經濟整合，擴大國際經貿空間

兩岸深化經濟合作有利兩岸拓展國際經貿市場，提升兩岸產業競爭力，兩岸應持續促進兩岸經貿正常化與自由化，並利用兩岸經濟合作，進一步尋求共同融入全球及東亞區域經濟整合的途徑，如 RCEP、TPP 等，擴大臺灣的國際經貿空間。

九、持續支持 APEC 推動 FTAAP，運用推動 FTAAP 的過程，推動臺灣加入 TPP 及 RCEP

臺灣應持續支持 2010 年亞太經濟合作會議（APEC）領袖宣言提到的：「亞太自由貿易區（FTAAP）是 APEC 邁向區域經濟整合的主要手段，FTAAP 將藉由 TPP、東協加三、東協加六等自由貿易協定，以及 APEC 貿易目標相關工作，達成廣泛自由貿易協定的目標」。[7] 運用臺灣已經是 APEC 會員體的身分，藉由推動 FTAAP 的目標，適時加入 TPP 及 RCEP。

十、儘速研擬洽簽 FTA 受損產業之因應策略，並儘速做好臺灣農產品開放的談判原則

洽簽 FTA 雖然對臺灣整體經濟有利，然而仍有產業因而面臨競爭與衝擊，為降低產業受損情形及抗爭事件，政府應在事前加以因應。舉例而言，有鑑於臺灣農產品、動物產品及加工食品平均關稅均高於 TPP 及 RCEP 該類平均關稅之下（見表 5），可以預期臺灣加入 TPP 或是 RCEP 後，臺灣農業將受到若干衝擊，必須及早因應。

臺灣已與紐西蘭洽簽 FTA，在農產品談判上已有經驗，政府應持續全面檢視臺灣農業國際競爭力，並決定其農業開放策略，降低如美韓 FTA 簽署時或是日本加入 TPP 談判時所爆發抗爭事件之機率。

表 5 TPP、RCEP 與臺灣重點產業進口關稅比較

HS	產業別	TPP 平均關稅（%）	RCEP 平均關稅（%）	臺灣平均關稅（%）
01～97	所有產品	4.16	6.72	5.55

---

[7] 請參見 APEC 網址，取自 http://www.apec.org/Meeting-Papers/Leaders-Declarations/2010/2010_aelm.aspx

表 5　TPP、RCEP 與臺灣重點產業進口關稅比較（續）

HS	產業別	TPP 平均關稅（%）	RCEP 平均關稅（%）	臺灣平均關稅（%）
01～24	農產品	6.01	12.62	14.94
25～97	製造業品	3.85	5.74	4.06
01～05	動物產品	5.46	10.47	16.36
06～14	植物產品	5.02	14.28	13.17
15～24	加工食品	7.60	12.90	15.51
40	橡膠	4.55	7.02	6.23
44～46	木及木製品	5.15	8.08	1.27
50～60	紡織	5.22	6.20	6.82
61～63	成衣	9.84	11.45	11.57
64	鞋類	10.31	12.00	4.44
65～67	帽傘	6.83	10.70	7.09
68～69	石料陶瓷	5.51	7.65	6.94
70	玻璃	5.20	7.30	6.16
82～83	手工具及小五金	4.96	7.35	7.35
87	汽機車	7.14	12.51	10.83
95～96	玩具雜項	5.68	7.91	4.06
94	家具	5.96	9.81	2.18

資料來源：劉大年（2014：21）。

參考文獻

中華人民共和國商務部（2014）。〈《區域全面經濟夥伴關係協定》第四輪談判在廣西南寧圓滿結束〉。取自 http://www.mofcom.gov.cn/article/ae/ai/201404/20140400541040.shtml

中華經濟研究院（2007）。《中日韓參與東亞經濟整合之最新發展與我國因應之道》。外交部、經濟部國際貿易局委託研究報告。臺北，臺灣：中華經濟研究院。

――（2010）。《東協對外洽簽 FTA 之策略及對我國在東協市場之影響》。外交部、經濟部國際貿易局委託研究報告。臺北,臺灣：中華經濟研究院。取自 http://www.wtocenter.org.tw/SmartKMS/fileviewer?id=114910

朱炎（2014 年 5 月）。〈日本有關自由貿易及東亞區域經濟整合的策略及進展〉,「FTA、東亞區域經濟整合與臺灣角色：機會與挑戰研討會」論文。臺灣,臺北。

行政院大陸委員會香港事務局商務組（2014）。〈韓國將與日本等 6 國舉行 TPP 預備雙邊協商〉。取自 http://www.moea.gov.tw/Mns/otn/content/Content.aspx?menu_id=9885

吳福成、許博翔（2014）。〈巨型 FTA 下臺灣挑戰與出路〉,《產業雜誌》,528：17-26。

林祖嘉、譚瑾瑜（2012）。〈臺灣加入 TPP 的重要性、挑戰與具體策略〉,《兩岸經貿月刊》,241。取自 http://www.sef.org.tw/ct.asp?xItem=275118&ctNode=4409&mp=1

――（2014）。〈2014 兩岸經貿關係展望〉,《兩岸經貿月刊》,265。取自 http://www.sef.org.tw/ct.asp?xItem=907204&ctNode=4409&mp=1

莊芮、王悅媛（2014 年 5 月）。〈東亞區域經濟整合：困境與路徑〉,「FTA、東亞區域經濟整合與臺灣角色：機會與挑戰研討會」論文。臺灣,臺北。

許博翔（2012）。〈TPP 及 RCEP 對我國經濟影響衝擊之量化分析〉,《中華臺北 APEC 研究中心通訊》,159：6-7。取自 http://www.ctasc.org.tw/02publication/APEC-159-p06-07.pdf

經濟部（2013）。《我國推動加入「跨太平洋夥伴協定（TPP）」之經濟影響評估報告》。取自 http://www.trade.gov.tw/Files/Doc/%E6%88%91%E5%9C%8B%E6%8E%A8%E5%8B%95%E5%8A%A0%E5%85%A5%E3%80%8C%E8%B7%A8%E5%A4%AA%E5%B9%B3%E6%B4%8B%E5%A4%A5%E4%BC%B4%E5%8D%94%E5%AE%9A(TPP)%E3%80%8D%E4%B9%8B%E7%B6%93%E6%BF%9F%E5%BD%B1%E9%9F%BF%E8%A9%95%E4%BC%B0%E5%A0%B1%E5%91%8A.pdf

經濟部國際貿易局（2014）。〈全球區域經濟整合現況――國家一覽表〉。取自 http://view.officeapps.live.com/op/view.aspx?src=http%3A%2F%2Fwww.trade.gov.tw%2FApp_Ashx%2FFile.ashx%3FFilePath%3D..%2FFiles%2FPageFile%2F767_339851%2F1030122_%25e5%2585%25a8%25e7%2590%2583%25e5%258d%2580%25e5%259f%259f%25e7%25b6%2593%25e6%25bf%259 f%25e6%2595%25b4%25e5%2590%2588%25e7%258f%25be%25e6%25b3%2581_%25e7%25b9%25bc%25e7%25ba%258c%25e6%259b%25b4%25e6%2596%25b0%25e7%2589%2588.docx

劉大年（2014）。〈台灣參與區域經濟整合之檢視〉，《產業雜誌》，529：13-21。

駐新加坡代表處（2013）。〈新加坡媒體有關TPP貿易部長會議將續會商〉。取自 http://www.moea.gov.tw/Mns/otn/content/Content.aspx?menu_id=9771

譚瑾瑜（2011年11月11日）。〈TPP進展與台灣擴大經貿空間策略〉，《中央日報網路報》。取自 http://www.cdnews.com.tw/cdnews_site/docDetail.jsp?coluid=141&docid=101722944

——（2012年7月3日）。〈突破障礙　為加入TPP做好準備〉，《中央日報網路報》。取自 http://cdnews.com.tw/cdnews_site/docDetail.jsp?coluid=110&docid=101957841

——（2012年12月14日）。〈RCEP現況及台灣因應之道〉，《中央日報網路報》。取自 http://www.cdnews.com.tw/cdnews_site/docDetail.jsp?coluid=141&docid=102137673

——（2013）。〈亞太區域整合現況下台灣因應策略〉。取自 http://www.npf.org.tw/post/3/12858

——（2013年3月22日）。〈TPP第十六回合進展及台灣因應之道〉，《中央日報網路報》。取自 http://www.cdnews.com.tw/cdnews_site/docDetail.jsp?coluid=110&docid=102245957

——（2013年10月17日）。〈RCEP及東協——香港FTA之推動及啟示〉，《中央日報網路報》。取自 http://www.cdnews.com.tw/cdnews_site/docDetail.jsp?coluid=110&docid=102495228&page=2

——（2014年5月3日）。〈台灣在亞太區域經濟整合中的挑戰與因應策略〉，「FTA、東亞區域經濟整合與台灣角色：機會與挑戰研討會」論文。臺灣，臺北。

ASEAN. (2012a). *Guiding principles and objectives for negotiating the regional comprehensive economic partnership*. Retrieved from http://www10.iadb.org/intal/intalcdi/PE/CM%202013/11581.pdf

-- (2012b). *Joint declaration on the launch of negotiations for the regional comprehensive economic partnership*. Retrieved from http://www.meti.go.jp/press/2012/11/20121120003/20121120003-2.pdf

-- (2013). *Regional comprehensive economic partnership (RCEP): Joint statement the first meeting of trade negotiating committee*. Retrieved from http://www.asean.org/images/2013/other_documents/Joint_statement_1st_RCEP%20TNC_08May2013_final.pdf

Fukunaga, Y., & Isono, I. (2013). *Taking ASEAN + 1 FTAs towards the RCEP: A mapping study*. ERIA discussion paper series (ERI-DP-13-02). Jakarta, Indonesia: Economic Research Institute for ASEAN and East Asia.

Office of the United States trade representative executive office of the president. (2011). *Enhancing trade and investment, supporting jobs, economic growth and development: Outlines of the Trans-Pacific Partnership agreement*. Retrieved from http://iipdigital.usembassy.gov/st/english/texttrans/2011/11/20111113202959su0.4597829.html#axzz2zhEoXwXM

World Trade Organization. (2014). *Regional trade agreements information system: List of all RTAs in force*. Retrieved from http://rtais.wto.org/UI/PublicAllRTAList.aspx

參 經濟發展

回應

李淳

中華經濟研究院 WTO 及 RTA 中心副執行長

　　本文對於 The Trans-Pacific Partnership（TPP）及 Regional Comprehensive Economic Partnership（RCEP）之發展歷程，未來動向及對臺灣之經濟影響，有深刻之分析探討，當可使各界對臺灣加入 TPP 及 RCEP 之重要性有更深一層的瞭解。茲藉此提出以下之觀點，作為錦上添花之用。

壹、臺灣需要更為多元、廣泛的 FTA 影響評估機制

一、從經濟的角度觀察，臺灣加入 TPP 及 RCEP 之重要性無庸置疑。然而從服貿協議爭議開始，近來社會對經貿自由化的政策方向，有許多正反辯證。許多的討論及反思內容，可能都不是經濟產業發展問題，而是社會、文化甚至世代落差的問題。然而從過去的臺紐、臺星經濟合作協定，到服貿及 TPP ／ RCEP，傳統的影響評估多係以純粹的經濟、產業發展角度觀察，所以我們大體掌握對 GDP、進出口以及不同產業間

的利弊得失。但是任何的自由化政策，其影響層面絕非僅限於總體經濟與產業發展，更對社會各個族群、自然資源甚至國家安全有所影響。因此先進國家的自由化政策評估，除了經濟論述外，也同樣重視社會、環境等面向的影響分析。這意味著後學運時代，我們對自由化政策的意義及影響評估，必須擴大深度及廣度，才有辦法重新凝聚社會共識。

二、以歐盟為例，其對於洽簽經貿協定之事前影響評估，稱之為「貿易永續性影響評估」（Trade Sustainability Impact Assessment, TSIA）。在 SIA 架構下，不但包含傳統的經濟／產業影響分析，更包括了社會影響、環境影響等分析面向。在社會影響評估中，主要探討自由貿易協定 Free Trade Agreement（FTA）對貧富差距、社會公平、教育及醫療等的利益及衝擊，而在環境影響下，則分析 FTA 對自然資源及環境的影響。至於如紐、澳等國，也會針對 FTA 進行「國家利益評估」，除前述的經濟、社會及環境議題外，亦將經濟安全，甚至文化影響分析，納入評估範圍。

三、這些評估之目的，絕非反對自由化。誠如歐盟建立 SIA 制度所言，經貿自由化能夠帶來經濟福利效果，創造就業機會，但對於部分受到負面衝擊的產業別，例如農業部門在自由化的潮流下如何調適，以及對於社會議題及自然環境資源的影響議題，常因政府與公民社會欠缺溝通互動，或者並未在 FTA 的評估中呈現，而遭受公民社會質疑。[1]因此 SIA 評估之目的，是在推動自由化的大方向下，瞭解影響項目，規劃因應配套，以追求整體的最大利益。

---

[1] 請參見 SIA 手冊，網址 http://trade.ec.europa.eu/doclib/docs/2006/march/tradoc_127974.pdf，頁 5。

四、在後學運時代，要改變扭轉社會之觀感，重建社會共識，我們除經濟產業探討外，或許更需要從社會、環境及安全的角度，對 FTA 進行更為廣泛、全面的影響效益評估，作為重新建立信心再出發的起步。

貳、加入 TPP 及 RCEP 策略的思考
一、國內準備程度

加入 TPP／RCEP 的準備工作，大略可分為二個階段；一個是爭取美國等現有 12 個 TPP 成員國支持的「買門票」階段，第二是成功加入後的開放談判階段。到底門票項目及價格為何？2014 年 3 月 4 日美國政府提交國會的「2014 年貿易政策議題報告暨 2013 年檢討年報」中，關於臺灣之關切項目，其實就是一種門票清單。在該報告中，絕大部分的篇幅都涉及臺灣對豬肉瘦肉精、蔬果農藥等遲未制訂最高殘留值（maximum residue limit, MRL）、稻米配額招標問題、食安管理法標示要求等問題，美方並將豬肉瘦肉精 MRL 列為高度關切事項。除此之外，外資審查的不確定性、政府採購及智財權保護也被列入關切事項中。該報告所列出的各項關切議題，性質上就是一種門票價目表，而且都是與體制改革有關。當然美方之要求不盡然都合理，臺灣也不應無條件的全盤接受。但顯然我方之努力尚未化解美國對此等問題的關切，而還有努力的空間。

二、兩岸關係與 TPP／RCEP

（一）對於 TPP，在中國大陸經濟崛起後，亞太各國最大的貿易夥伴，幾乎都是中國大陸，再加上政治影響力，各國會在意其反應，極為合理正常。亦即雖然中國大陸並非 TPP 成

員，但其對臺灣加入若表達反對之意，必將對他國造成壓力。我們除應致力於推動兩岸經貿協議外，亦應與中國大陸對話，改變其所設定「先兩岸、後區域」的大前提，可能反而才是解決兩岸協議臺灣內部僵局的方式。

（二）其次，更值得注意的是許多表面上不會破壞兩岸氣氛，卻實質影響臺灣加入 TPP 的做法，例如所謂「WTO 模式」（先中後臺）或「APEC 模式」（兩岸一起）作為兩岸加入 TPP 的方式。由於中國大陸自言 10 年內無法做好準備，若此類言論發酵，10 年後再加入對於臺灣而言，等同於無法加入，便是我方需要提高戒心之論述。

其次對於 RCEP，若中國大陸為促使臺灣優先加入 RCEP 而非 TPP，替臺灣「出頭」爭取（如同在香港－東協 FTA 之情形）。以國內之氛圍，此一陸方所認為之「善意之舉」，反而可能成為國內對加入 RCEP 之阻力。其次在實質市場自由化方面，臺灣目前仍禁止 15～20% 之陸貨進口，而即便在兩岸服貿協議下，我方服務業之正常化（落實 WTO 義務）仍不完全。未來在 RCEP 之單一承諾之情況下，我方勢必在形式上非但必須全面正常化外，更需提出符合 RCEP 之進一步自由化承諾，並一體適用於包含中國大陸在內之全體 RCEP 成員。在國內目前許多恐中、反中的氣氛下，要如何做出比兩岸經濟合作架構協議（Economic Cooperation Framework Agreement, ECFA）更加開放數倍的承諾，是一大挑戰。因此在策略上，同步推動與東協個別國家及東協整體洽簽 FTA 之重要性，亦需重視。

回應

徐純芳

中華民國全國工業總會顧問

壹、回應

一、有關 TPP 談判之進展，根據最新資料顯示日本於 2013 年第 17 回合談判時方加入 TPP 之談判，無形中對 TPP 的談判進程平添變數，這些變數對 TPP 開始談判以來一再強調的高標準無疑是一項挑戰，對現已參加談判之 TPP 成員相對提高了某些談判籌碼，也讓未來要參與之國家多了一些內部協調之空間。不過要注意的是美方是否對這些彈性預留伏筆，仍在未定之天。

二、但可以想見的是日本的彈性主張對 TPP 整體談判之進展無異丟下一枚震撼彈，若再加上美國迄未獲得 TPP 的談判授權，以及其內部國會大選，都讓人高度懷疑 TPP 之談判能否如美方所預期在 2014 年底前達成協議。相對 RCEP，由於議題的安排不至於過度地具有野心，進程的設定亦較具合理性，再加上多數成員彼此間均已建構有 FTA 的網路，除了印度在大選後的新政府應偏向反貿易自由化的主張，2015 年底前

能否達成協議亦不無疑問。根據資料顯示，TPP 在年底前達成協議可能會以下列幾種形式處理：

（一）全體國家達成協議。

（二）全體國家達成協議，個別國家利用「國家別附件」、「特別緩衝期」等安排，取得彈性。

（三）關鍵多數國家達成協議、例外國家加入下一波談判。

即便 TPP 在 2014 年達成某個程度的協議，加上協議文本之撰寫以及各國內部批准程序，何時能正式生效都還有變數。臺灣如何善用這段時間將全案向前推動，應該有策略。

三、TPP 與 RCEP 對臺灣經濟發展的影響，譚副研究員均有極為詳盡的分析，只是這些分析更應該強調在這些巨型 FTA 生效後，臺灣不能及時參與的可能延伸效益；蓋從臺灣的產業特質及各國企業在經濟情勢改變後，積極變更夥伴策略關係的心態，都會讓臺灣企業面臨極大之挑戰，這包括傳統合作夥伴的更迭、產業供應鏈被取代、傳產更加快速外移等，這些現象的發生恐會對臺灣內部造成第 2 波的產業空洞化危機，這是為政者不得不預作的考慮。

四、在臺灣因應策略方面，我個人偏向從不同的角度去看問題。事實上影響臺灣參與亞太區域經濟整合的國內外因素可以以圖 1 說明。

五、若以日本安倍首相在 2013 年上台射出 3 支箭（3 Arrows）的方式，想辦法提升日本經濟動能，或許臺灣也需要類似的幾支箭去解決其亞太區域經濟整合的參與工作。根據圖 1，臺灣加入 TPP 或 RCEP 大致可以分成內外 2 個面向去看問題，而其中最重要的部分卻是內部能力建構部分，外部則又以兩

岸關係扮演較為重要的角色。筆者試著將譚副研究員的建言予以歸納再加上個人之建議提出下列另一類的思維及路徑。

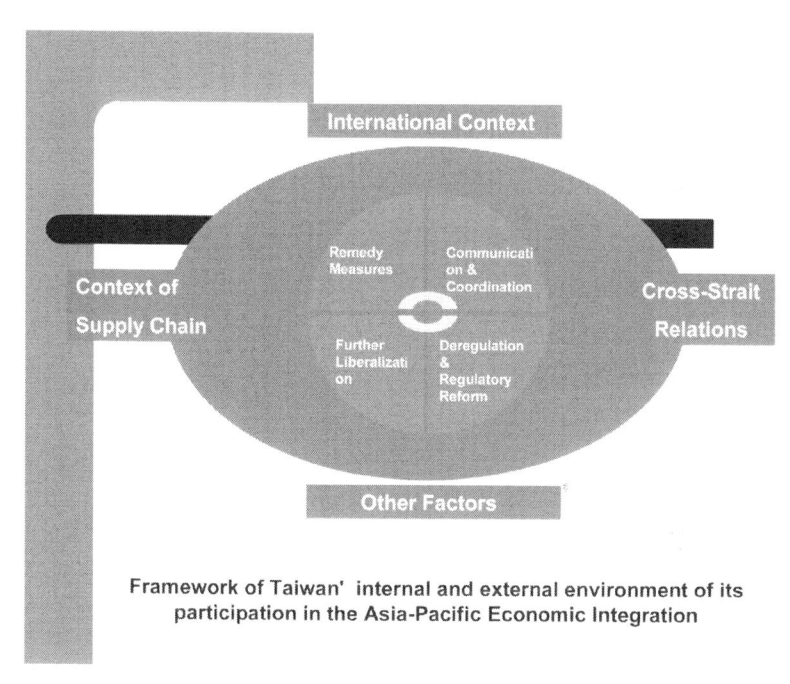

[圖：Framework of Taiwan' internal and external environment of its participation in the Asia-Pacific Economic Integration，包含 International Context、Context of Supply Chain、Cross-Strait Relations、Other Factors，中央為 Remedy Measures、Communication & Coordination、Further Liberalization、Deregulation & Regulatory Reform]

圖 1　臺灣參與亞太區域經濟整合內外環境結構圖

貳、建議
一、臺灣內部
（一）思維

1. 臺灣經貿體制自從在 2002 年正式加入 WTO 只有微調未見大幅改革，已凸顯臺灣經貿體制與國際間區域經濟整合後的國際經貿體系新趨勢，產生相當程度落差的事實。

2. 有鑒於國際經貿體制在新一波巨型 FTA 陸續成型,新的國際貿易遊戲規則逐漸浮出檯面後,各方對於會員間經貿法規的調和日趨嚴謹,而臺灣在這波亞太區域網路的建構過程中,因無法事先參與 rules making 早已落入 rules followers 行列,所以法規調和應著重在與國際接軌,作個好的 rules followers。
3. 因此,經貿體制的改革不宜有得過且過的心態,更不能等閒視之,以免走向自我邊陲化的危機。
4. 改革工程浩大且設計層面極為廣泛,如何結合產官學之力量以達到目的,考驗為政者及全社會大眾的能耐。按韓國在追求建構 FTA 網絡過程中,也歷經國內大眾之撻伐,幾經溝通、協調及整合後,終於建構一套合理的涉外及內部溝通機制;臺灣有必要急起直追。
5. 產官學界及國會的溝通,ECFA 服貿協議給了大家一場教訓,也凸顯臺灣社會現存的一些矛盾及衝突,若內部各類協調溝通處理不好,勢必將影響整個入 TPP 及入 RCEP 工作的進展。
6. 雖然政府入 TPP 及入 RCEP 之政策目標極為明顯,但任何有助於臺灣參與的行動仍應持續進行,過往以國家為主體、以部門別推動的所謂「堆積木」策略績效並不明顯,且緩不濟急,應該建構新思惟。

(二)建議路徑

1. 以高野心的 TPP 為國內盤點、改革準備之標竿,積極進行解除管制與體制改革的相關工作。體制改革與法規調和都應該讓公民社會有參與表達意見的機會。
2. 以事前溝通取代事後的政策說明,俾先爭取各界意見的參與及對政府政策的認同,同時得以掌握外界關切,做好全面性的效

益評估，特別是在衝擊面，以便先行設計及建構全面性因應自由化的救濟措施。
3. 在程序上加強整體溝通網絡的建構，無論是產官學界或國會溝通，我們都應配合網路世代的影響力，擴大及強化政府政策的文宣工作。
4. 對外說明堆積木策略的功效，以及建構另一國家別型態的「堆積木策略」，積極加速推動個別國家之雙邊 ECA；特別是本身已同時是 TPP 或 RCEP 之重疊國家優先，以收堆積木的效益。

二、國際方面

（一）思維

1. 巨型 FTA 已改變國際貿易遊戲規則，未參與方勢必會被加快被邊陲化的速度。
2. 爭取 TPP 或 RCEP 會員的支持，臺灣勢必展現自由化及體制改革的決心，相關國家過往雙邊會談中關切之議題，應給予正面回應，特別是美國。
3. 臺灣內部尚欠缺貿易自由化的概念與決心，在國際談判講求「give & take」的同時，臺灣內部只要「拿」不要「給」的觀念尚待進一步導正。當然這與政府有能否建構一個合理的救濟制度有絕對的關係。
4. 兩岸關係還是各國對與臺灣建構 FTA 關係之主要考量，美國雖然表示臺灣服貿協議的內部爭議不會影響美國對臺灣入 TPP 的政策，但不可否認的兩岸目前都非 TPP 之成員，充其量也不過是「候選國」，「中」美現階段關係的發展確實影響美國對臺灣的態度。但是不要忽略美國在當年臺灣與中國大陸同時

申請加入 WTO 過程中，美國以「中國先、臺灣後」的國際共識，在兩岸間尋求其最大公約數之經貿利益也是不爭的事實，因此即便美國有所表態，但亦不可忽略其背後要爭取的利益。日本對臺灣之態度亦極可能唯美馬首是瞻值得觀察。

（二）路徑

1. 掌握國際新型 FTA 的發展趨勢，從 TISA 到 TPP 新貿易遊戲規則走勢，配合我內部經貿法制改革的工作進行檢視，讓其符合國際新規範。

2. 相關法規及體制面改革的工作若不涉及修法者應儘快先行，或許有人認這些工作可以留待為日後作為談判籌碼之用但這樣之主張並無意義，蓋屆時我方將以 rules followers 的身分參予談判，這些保留不但沒有價值反而延宕我體制與國際接軌的腳步。

3. 任何 FTA 都沒有免費的入場券，臺灣在市場開放面應針對產品別確定爭取保留及開放優先順序，對臺灣有利之品項（包括服務業別）只要對臺灣有利者，應先開放以給予 TPP／RCEP 會員對臺灣面對自由化之決心，其他開放涉及利害交換者，則不妨留作未來最為談判之籌碼。

4. 在爭取各國支持時有必要且有效率的回應各國在雙邊架構下之關切，特別是美國，以展現臺灣推動體制面改革及自由化之決心，爭取認同。

三、兩岸關係

（一）思維

1. 認知中國大陸對臺灣參與的態度及國際間有「中國大陸先、臺灣後」的共識、政治現實。

2. 無論 TPP 或 RCEP，除後者中國大陸已然是成員外，餘各會員中國大陸其重要貿易夥伴或有重大政經利害關係之國家，對臺灣參與大多會以中國大陸之態度馬首是瞻，很多時候不一定是政治考量，而是經濟利益前提下之選擇。兩岸關係之發展對各國之決定應有積極性之作用。
3. RCEP 的談判遊戲規則所確立的「共同減讓」（common concession）之談判原則，挑戰兩岸經貿關係「WTO 化」之問題，若有機會參與 RCEP，這個問題該如何解套？
4. 至少二位以上之中國大陸領導人對臺國際參與表達所謂「合情合理之安排」的立場，這個非常政治性的宣示有無特別之意涵，值得推敲。
5. 中國大陸在 2014 年 APEC 貿易部長會議提出 FTAAP 之倡議。臺灣該如何表態？按 RCEP 及 TPP 都有以達成 FTAAP 為終極目標的說法，但在中國大陸倡議後，卻又被美日相繼軟性杯葛，當然以 APEC 非強制性之特色，如何進階到一個具強制性 FTA 有其一定之難度，且陸方說法不無為 2014 年 APEC 主辦國主打議題之意味，對臺灣而言遠水救不了近火，臺灣該如何表態？

（二）路徑

1. 加速 ECFA 其他兩項後續（貨貿及爭端解決）協議的談判，以及兩岸監督條例及服貿協議之立院審議速度，以免兩岸爭議成為爭取各國支持得最大障礙。
2. 兩岸正常化之問題必須先政治定調，惟國內之反中情節及兩岸都是 WTO 會員的事實，我是否可以繼續維持現有對中國大陸之管限制措施之作法，應一併納入政策考量。

3. 臺灣國際參與應納入兩岸協商之議題,俾就:

   (1) 所指合情合理之安排進行討論。

   (2) 尋求陸方以不同之方式或在不同之場合釋出善意。

4. 對 FTAAP 之倡議持軟性支持即可,以免兩面不討好。

四、產業供應鏈

（一）思維

1. 有鑑於 TPP 能否於 2014 年底前順利達成協議還有變數,即便達成協議,從法定文件的撰寫到送回會員國進行國會批准程序,都還需要時間,沒有 3～5 年 TPP 將難以正式生效。

2. 惟在此之前,我們必須先注意可能搶先達成協議的「中」韓 FTA。有鑑於臺韓產業結構的類似性,「中」韓 FTA 對臺灣在大陸產業供應鏈所產生的衝擊勢必更大且立即,這一部分可能需要先行解套。

（二）路徑

1. 針對韓「中」FTA 將於年底達成協議的可能性,經濟部應趕緊與產業界溝通設法研擬對策因應。

加入 TPP／RCEP 對臺灣金融業的影響及其因應

吳孟道
國家政策研究基金會財政金融組副研究員

壹、前言

　　近年來，在世界貿易組織（World Trade Organization, WTO）的多邊貿易體系下，隨著杜哈回合（Doha Round）談判的陸續觸礁，多邊的貿易自由化進展幾乎停滯不前。面對這樣的發展，世界各國紛紛另闢蹊徑，改以簽署各式各樣的雙邊自由貿易協定（Free Trade Agreement, FTA）及區域貿易協定（Regional Trade Agreement, RTAs），甚或融入區域經濟整合的體系，來順利推動貿易自由化。

　　根據 WTO 的統計，迄 2014 年 1 月底止，已有 583 個 RTAs 已通知關稅暨貿易總協定（General Agreement on Tariffs and Trade, GATT）／WTO，其中高達 377 個已生效實施。近 3 年來生效實施的 RTAs 增加速度更是呈現加快跡象，平均每年新增 30 個以上。面對全球區域經濟整合加速的趨勢，臺灣為了有所突破，也於 2010 年 6 月與中國大陸簽署兩岸經濟合作架構協議

（Economic Cooperation Framework Agreement, ECFA），之後更於 2013 年 7 月及 11 月，分別與紐西蘭及新加坡簽署臺紐經濟合作協議（Agreement between New Zealand and the Separate Customs Territory of Taiwan, Penghu, Kinmen, and Matsu on Economic Cooperation, ANZTEC）及臺星經濟夥伴協議（Agreement between Singapore and the Separate Customs Territory of Taiwan, Penghu, Kinmen and Matsu on Economic Partnership, ASTEP）。

仔細檢視政府積極與主要貿易國家簽署 FTA 的目的，除是想突破當前國際經貿的困境外，也是為將來融入亞太區域經濟整合做準備，特別是加入跨太平洋夥伴協定（The Trans-Pacific Partnership, TPP）及區域全面經濟夥伴協定（Regional Comprehensive Economic Partnership, RCEP）。因為紐西蘭及新加坡都是 TPP 及 RCEP 成員國，中國大陸更是 RCEP 的主導者，與這些國家簽署 FTA，毫無疑問可藉由雙邊經貿的互動合作，加速臺灣融入 TPP 或 RCEP 的進程。

然而，加入 TPP 或 RCEP 雖可透過比較利益法則促進整體的經濟效益，但由於其涵蓋面向極廣，除基本的產品關稅減讓議題外，還包括服務貿易、金融、人員移動、智慧財產權、環保及勞工等全面性自由化的議題，因此其對個別產業也會產生不同的影響與衝擊。比如在金融服務業方面，早先美國在與日本進行 TPP 的回合談判時，就明確表示日本應優先處理好郵政金融服務的不公平競爭問題，特別是郵政專營權及郵政金融業務分離等。另外在相關法規方面，若要加入 TPP 這種高規格的經貿整合組織，金融服務業法規架構就必須依循國際標準，並在立法前廣泛徵詢意見及提高立法透明度，同時也需簡化呈送主管機關報表的程序以及取消不必要的防火牆等。而面對這些衝擊，政府是否已經做好相關準備及研擬配套措施，值得深入探究。

本文即是基於這樣的思考,想要進一步檢視臺灣加入 TPP 或 RCEP 之後,臺灣金融業將會受到什麼樣的影響?而金融業及政府部門又應如何因應這些衝擊?最終嘗試提出相關的政策建議。本文架構如下,除第一部分的前言外,第二部分描述當前臺灣金融業的發展現況與問題,第三部分則是探討加入 TPP 或 RCEP 可能對臺灣金融業的影響,最後提出政策建議。

貳、臺灣金融業的發展現況

臺灣金融產業在歷經過往多次的政策開放、法規鬆綁及金融改革後,整體產業的發展日趨健全,並全面邁入自由化及市場化的階段,充分地與國際接軌。尤其是 2009 年隨著兩岸金融政策的大幅鬆綁,更替原本難以向外擴張、僅能在臺灣競爭的金融產業,開發出一個全新的藍海市場。然而,目前臺灣金融市場活力雖隨著兩岸金融政策的開放而有所提升,但仍存在一些結構性的問題,例如金融產值日益萎縮、產業規模過小、金融創新不足及國際化發展落後等。這些問題除有礙當前臺灣金融產業的發展外,更不利未來加入 TPP 及 RCEP 後臺灣金融產業競爭力的提升。

圖 1 列出近 10 年來臺灣金融服務業及其他服務業占國內生產毛額(gross domestic product, GDP)的比重走勢。[1] 從圖 1 可清楚看出,臺灣金融服務業占 GDP 的比重在這 10 年來是呈現下滑的趨勢,從 2004 年的 7.56% 下降到 2013 年的 6.52%,足足少掉一個百分點;同期間,其他服務業占 GDP 的比重則是逐步攀升,從 2004 年只有 59.01%,上升到 2013 年的 61.77%,增加將

---

[1] 此處所謂的金融服務業係指金融保險業,而其他服務業則是扣除金融保險業的整體服務業。

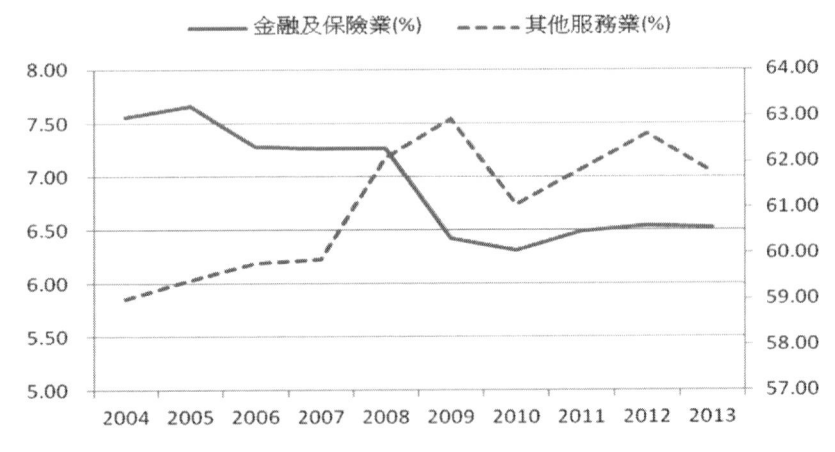

圖 1　臺灣金融保險業及其他服務業占 GDP 比重走勢

資料來源：主計處，本研究自行整理。

近 3 個百分點。這樣的趨勢顯示在金融服務業產值衰退之際，整體服務業的產值卻是反向提升；此也意味著從市場規模及產值來看，臺灣金融服務業的發展在這 10 年來可說是停滯不前。

而就獲利能力觀察，臺灣金融服務業的獲利能力與績效表現近 10 年來明顯落後整體的上市企業。從圖 2 可以看出，臺灣金融服務業的資產報酬率（return of assets, ROA）近 10 年來都在 2% 以下的水準，平均值更是僅有 0.66%，相較於整體上市企業的 3.13%，明顯偏低。而圖 3 的股東權益報酬率（return on equity, ROE）也是顯現一樣的趨勢，亦即，即使金融服務業 2012 年的 ROE 在這 10 年來首度超過整體上市企業，但近 10 年來的平均值仍只有 6.16%，還是遠低於整體上市企業的 10.01%。此也顯示，臺灣金融服務業除市場規模逐漸萎縮外，整體的經營績效也比不上其他上市企業。

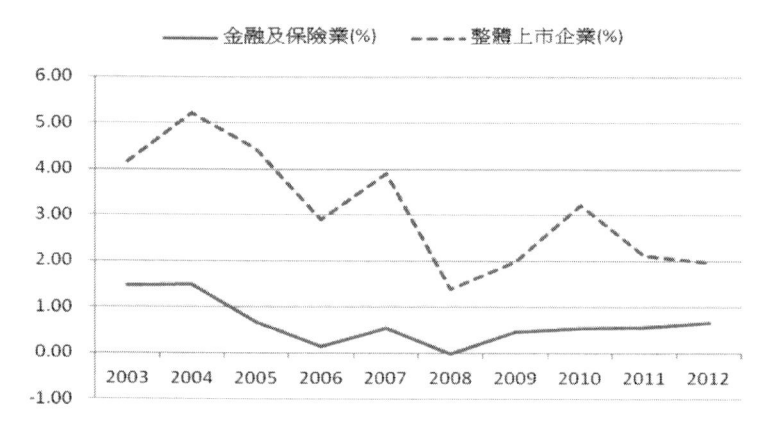

圖 2 臺灣金融保險業及整體上市企業 ROA 走勢

資料來源：證交所，本研究自行計算。[2]

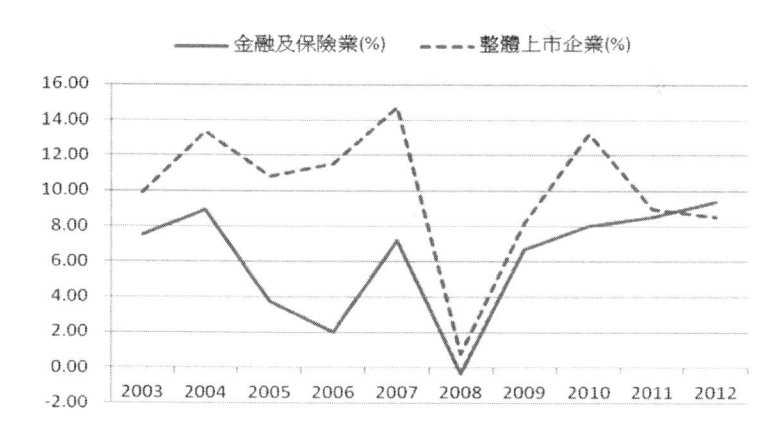

圖 3 臺灣金融保險業及整體上市企業 ROE 走勢

資料來源：證交所，本研究自行計算。

---

[2] ROA 及 ROE 數據是以證交所「年度上市公司財務資料分業比較表」年報裡的稅前純益、資產總額及淨值資料，自行計算而得；其中 ROA 計算方式為稅前純益／資產總額 ×100，ROE 則為稅前純益／淨值 ×100。

若再與東亞鄰近國家比較,從圖 4 及圖 5 可以看出,臺灣金融產值成長率及 ROE 均明顯低於周邊的東亞國家。2006～2010 年期間,臺灣的金融產值平均成長率及上市金融業平均 ROE 僅有 2.1% 及 3.9%,遙遙落後同為亞洲四小龍的香港、新加坡及韓國,也比不上新興經濟體的印尼、馬來西亞、泰國及菲律賓,更無法與 2006 年大幅開放金融市場的中國大陸相提並論。

顯然地,近 10 年間,臺灣整體金融業的發展,無論是在產業規模、獲利能力及國際化方面,並未隨著臺灣於 2002 年加入國際貿易組織(WTO)開放市場而有所提升。箇中原因除與外在環境的變遷有關外,內在制度及環境並未與時俱進可能也是重要的因素,例如相關制度的訂定、資金進出的自由度、市場開放程度以及金融商品多元化等。如今,在即將迎來 TPP 及 RCEP 之際,臺灣金融業勢必得再次面臨市場開放的衝擊,究竟臺灣金融業是否做好萬全準備,值得深入探究。

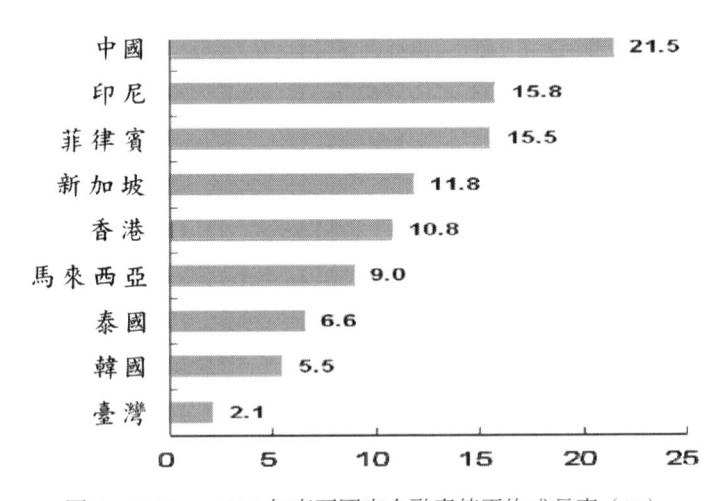

國家	成長率 (%)
中國	21.5
印尼	15.8
菲律賓	15.5
新加坡	11.8
香港	10.8
馬來西亞	9.0
泰國	6.6
韓國	5.5
臺灣	2.1

圖 4　2006～2010 年東亞國家金融產值平均成長率(%)

資料來源:李長庚(2011 年 3 月)。

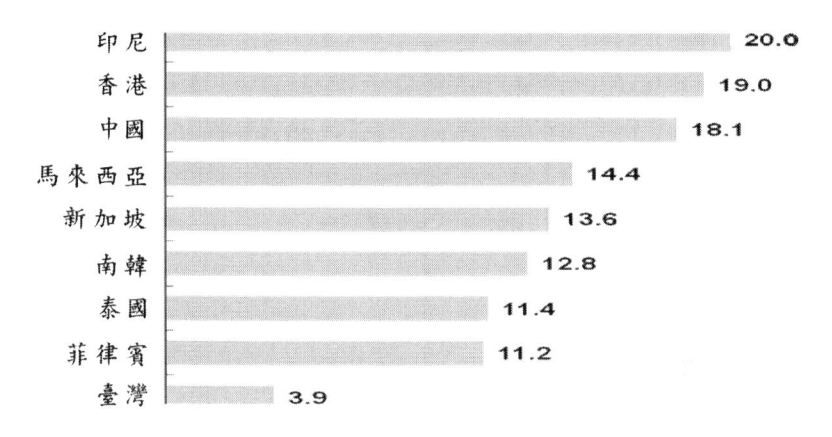

```
印尼          20.0
香港          19.0
中國          18.1
馬來西亞       14.4
新加坡        13.6
南韓          12.8
泰國          11.4
菲律賓        11.2
臺灣          3.9
```

圖 5　2006～2010 年東亞國家上市金融業平均 ROE（％）
資料來源：李長庚（2011 年 3 月）。

參、加入 TPP 或 RCEP 可能對臺灣金融業的影響

面對未來加入 TPP 或 RCEP 可能對臺灣金融業產生的影響，日前金管會主委曾銘宗曾明確表示，由於臺灣金融業與外國接軌甚早，2002 年臺灣加入 WTO 時，金融業已經對外大幅開放，因此臺灣加入 TPP 後，對金融業不會產生太多阻礙、影響也不會太大。

對於曾主委的說法，我們部分認同，但也有部分不認同。確實，臺灣在 2002 年加入 WTO 時，是以已開發國家的身分申請加入，因此在 WTO 架構下，金融市場的開放必須遵守服務業貿易總協定（General Agreement on Trade in Services, GATS）的基本原則，同時在金融法規方面也需符合 GATS 的規定，逐步實現

金融服務貿易自由化。據此觀之，加入 TPP 或 RCEP 在臺灣金融市場已大幅開放下，衝擊理應不大。

不過，值得注意的是，加入 TPP 或 RCEP 勢必會引入新的競爭者，在目前臺灣金融業殺價競爭嚴重的情況下，對整體金融業的獲利能力鐵定會造成影響。且從長期的角度來看，TPP 是一個高標準的 FTA，面對金融服務貿易更加自由化的同時，一方面除會加大臺灣金融體系的波動外，另一方面也會提高國際資本移動的規模與波動性，進而對臺灣的金融市場（包括外匯及證券市場）造成壓力，從而影響臺灣的金融及貨幣政策。換言之，隨著臺灣加入 TPP 或 RCEP、金融市場更加開放的同時，主管機關（金管會及央行）在金融政策及貨幣政策的制訂與執行上，難度也會大幅提高。

此外，當臺灣融入 TPP 及 RCEP 之際，面對大幅提高的國際金融整合程度及優勢競爭者，如何維持臺灣金融業的競爭力，是業者也是政府極大的挑戰。相較於跨國大型金融機構而言，臺灣金融業普遍存在規模不大且金融創新不足的情況，造成此現象的原因除了金融業自身的結構性問題外，很大一部分是囿於法規的限制，侷限臺灣金融業的發展。以資本移動管制為例，目前臺灣關於國際資本移動的開放，雖然已經逐步與國際接軌，但對於流入資金的流向及用途限制仍多。例如，在 2014 年 3 月正式啟動的自由經濟示範區金融服務，針對外人投資的開放項目，仍僅侷限於外幣商品及業務，只要涉及新臺幣的商品和業務一概不准承作。主管機關（央行）雖利益良善，想藉此阻絕投機客炒作，進而減少外匯市場波動並穩定臺灣金融，但卻忽略此舉會將臺灣金融機構限制在離岸金融業務的框架下，限縮臺灣金融業者的發展。此外，由於這類商品服務提供者大多是臺灣的金融機構，跨

國大型金融機構參與意願普遍不高,此勢必無法做大臺灣金融的大餅,某種層面來看,也削弱臺灣金融機構的競爭力。

加入 TPP 或 RCEP,對臺灣金融業的影響是長期且深遠的,除需面對更開放的市場與環境,也需面對更多的優勢競爭對手。臺灣金融業者在歷經 1980 及 1990 年代的金融自由化及國際化的歷程後,已經習慣國際金融業者的競爭,且擁有一定水準的國際金融人才。平心而論,從臺灣金融機構的發展來看,真正怕的不是市場開放與競爭,而是法規限制造成的綁手綁腳,而這或許是未來迎入 TPP 或 RCEP 時,金融發展最需修正的方向。

肆、政策建議

無論是 TPP 或 RCEP,一旦加入,臺灣金融業要面對的一定是更加開放與競爭的市場。特別是 TPP 與 RCEP 這類大型經濟整合體系,範圍不單只有侷限在市場開放,也會涉及到成員國間經貿制度及法規的接軌。因此,在面對加入 TPP 與 RCEP 的衝擊時,金融業不僅需要做好自身體質的調整以因應市場的開放,政府也需加速經貿制度及法規的變革,以期符合 TPP 及 RCEP 的標準。以下茲提出 5 項政策建議予政府參考。

一、成立金融整併專案小組並放寬相關併購法規的限制

臺灣目前金融業規模普遍不大,且國際化程度落後,加上金融機構家數過多,同質性過高,導致只能在國內進行價格競爭。一旦加入 TPP 或 RCEP,勢必得面對更多跨國金融機構的競爭,因此整併之路勢在必行。而對於金融整併,由於臺灣金融機構規模太小、家數過多的問題依舊存在,無形中造成資源重複配置。

也因如此，業界不斷大聲呼籲，政府實有必要放寬法規限制，全速推動下一波金融整併政策，以提升臺灣金融業的競爭力，否則金融遲遲不整併，邁向國際化的步伐勢將延遲，大陸金融市場的准入效益也將大打折扣。

對此，我們認為政府若有心推動金融整併，重點必須置於成立金融整併專案小組，並由專人負責推動，避免多頭馬車及各行其是之現象發生。實際作法上，可由財政部主導，推動官股金融機構的公併公，相關部會如金管會及央行等，全力配合鬆綁相關法規及業務。同時，也應放寬金融機構的相關併購法規限制及審查標準。國泰金控總經理李長庚 2011 年在金融總會辦的一場研討會就明確指出，過去主管機關為了推動金融整併，曾放寬金控轉投資最低得先取得 5% 股權，以利各類併購策略；但後續新公布的法規又大幅限縮，必須一次取得控制性持股，且強制採公開收購方式，提高金控併購困難度（李長庚，2011 年 3 月）。這樣的做法，勢將不利金融整併政策的推動。

二、鬆綁跨國經營法規限制

隨著臺灣加入 TPP 或 RCEP，金融業對外投資的機會也將大舉增加。然礙於相關法規的規定，臺灣金融機構對外投資受限仍多，應適時鬆綁。舉銀行業跨國投資、設立海外分支機構為例，根據《本國銀行設立國外分支機構應注意事項》第十條規定，國外分行配合當地金融法規與商業習慣辦理之各項銀行業務，如有不符臺灣金融法令規定者，應事先報主管機關核准（金融監督管理委員會，2014）。就業務開發的角度來看，這是明顯自我設限的規定，導致臺灣金融機構在跨國經營及投資活動上被大舉限縮。建議可修正此項規定，改為優先適用海外分支機構當地國之法令。

三、以開放與創新提升金融競爭力

近 10 年來，臺灣金融業發展遲滯，有諸多專家學者指出，主要原因是因為主管機關防弊心態勝於興利，從而導致創新不足，資金流向海外尋求更高報酬的投資機會，而非臺灣資金動能不足所致。2013 年臺灣超額儲蓄達 1.57 兆元，創下歷史新高，占 GDP 的比重也高達 11%，顯示臺灣資金動能豐沛，但運用效率卻相對低落。此除與臺灣投資不振有關外，缺乏具有吸引力的投融資工具及金融商品也是主因之一。

以香港及新加坡為例，其金融競爭力始終可以保持在主要國際金融中心的前幾名，就是源於不斷的金融創新以及相對開放的法規政策。甚至是近年來急起直追的中國大陸上海與深圳，為競爭成為國際金融中心，也積極地開放新金融商品並引進國際投資人。相對而言，臺灣的金融創新明顯滯後。在面對即將加入 TPP 或 RCEP 之際，臺灣金融政策要有所突破，大前提就是從金管會到業界都應擺脫防弊心態，勇於金融創新。亦即，藉由開放與創新刺激金融市場的發展，並提升臺灣金融業的競爭力，如此一來，金融才能有更大的發展，也才能對國家產生更大的貢獻。

四、調整金融監理的思維

受到連動債事件及 2008 年金融海嘯的影響，臺灣金融監理的思維似有趨嚴之跡象，此大致可從主管機關重視防弊勝於興利之作為看出端倪。例如在金融業務的監理上，臺灣多採取正面表列且須事前核准的監理方式，因此金融業者在拓展業務或進行轉投資活動時，都得報請主管機關核備。然近年來主管機關在審查及監理的態度都相對保守，對法令也是採最嚴格解釋，使得金融業者在開發新型業務與商品時處處掣肘。

對照香港及新加坡等國際金融中心大多採負面表列的作法，臺灣著實有很大的改進空間。而在加入 TPP 或 RCEP 後，面對更開放的市場與更多的競爭者，目前趨嚴的金融監理態勢，或許有修正的必要。建議未來主管機關可修訂法規，並搭配合理的監理標準，以利業者遵循；尤有甚者，可考慮以指標的方式取代人為監理，例如透過資本適足率及相關的財務指標進行控管。

五、加強對 TPP 及 RCEP 與各國金融的研究，提升對外談判能力

過去臺灣在國際經貿談判的過程中，時常處於被動的地位，原因就在於未事先針對談判的領域及範疇進行深入研究與分析，也未事先做好相關政策的影響效果評估，因此無法掌握談判對手國的籌碼與善用自身的優勢。特別是在金融服務貿易領域的談判，由於臺灣相對缺乏國際金融談判人才，往往在談判過程中居於下風。

有鑑於此，在面臨加入 TPP 或 RCEP 之際，政府部門應該先行強化對 TPP 及 RCEP 的金融市場分析能力，也應加強對 TPP 及 RCEP 成員國金融服務貿易發展方向的研究，並培育國際金融談判人才。唯有在充分掌握及瞭解貿易談判對手國的資訊下，才能提升政府相關人員在加入 TPP 及 RCEP 過程中的談判能力，同時為臺灣金融業爭取更為有利的國際發展空間與競爭條件。

參考文獻

李長庚（2011 年 3 月）。〈如何提升金融產業的競爭力——金融產業區域發展之探討〉，「如何提升金融產業的競爭力」研討會論文，臺灣，臺北。

金融監督管理委員會（2014）。〈本國銀行設立國外分支機構應注意事項〉。取自 http://law.banking.gov.tw/Chi/FLAW/FLAWDAT0202.asp

回應

黃天牧
金融監督管理委員會副主任委員

壹、臺灣加入區域性經貿組織刻不容緩

　　臺灣經濟成長的歷程中，經歷了數次不同程度的自由化，每一次的自由化都為臺灣下一階段的發展創造了有利的條件。當前 WTO 杜哈談判停滯，為推動區域經濟整合，降低投資障礙，近六成國家自 2003 年起陸續簽訂 FTA。在如此 FTA 競賽潮流下，臺灣若一直無法加入區域經濟整合，則邊緣化的危機在所難免。因此，對於臺灣加入區域經濟整合乙節，已不是應不應該的問題，而是該如何「加速」的問題，爰臺灣於「黃金十年」國家願景計劃即已將加入 TPP 和 RCEP 列為主要目標，藉由推動經貿自由化、加速融入亞太區域經濟整合，拓展臺灣國際經貿市場。

貳、臺灣金融業發展現況說明

　　有關文內提及臺灣金融產值日益萎縮不利臺灣金融產業未來加入 TPP 及 RCEP 等節，事實上，以金融保險產值占 GDP 比重來衡量金融保險業之發展情形有待商榷，理由如下：

一、按納入金融保險業計算項目，為境內金融服務活動產生之利息收支淨額及手續費收入等，且GDP僅能衡量境內生產機構或單位之生產成果，海外生產情形及非屬服務提供之投資收益均未計入。

二、宜多方面綜合觀察臺灣金融業發展及其對經濟貢獻；10年來雖然國際金融環境不佳，惟臺灣金融保險業在產值、資產規模、經營體質健全度、國際化、盈餘、就業貢獻與支援其他產業發展，均有良好表現。

（一）資產規模為成長趨勢：臺灣金融服務業（含銀行業、證券業、保險業）資產規模，已由2000年底的新臺幣（以下同）33.5兆元成長至2014年第1季之70.7兆元，成長幅度達2.1倍。

（二）金融國際化之趨勢：國內生產毛額係衡量「本國疆域以內」所有生產成果，然金管會近年來積極推動「金融國際化」，銀行業亦配合增設海外分支機構，積極布局海外市場，未來銀行海外收支比重應會逐年提升。2013年銀行業海外及中國大陸地區分支機構盈餘達250億元（2014年第1季為91.85億元），但業者積極國際化的成果並不計入國內生產毛額計算，致對金融業之發展評估不完全。

（三）銀行業體質健全度大幅提升，盈餘穩健成長：本國銀行2002年為稅前虧損1,045.9億元，2002年第1季本國銀行逾放比率高達11.74%，然2002年金融保險業生產毛額占GDP比重達8%，經政府推動各項措施督促銀行積極打銷呆帳，截至2014年4月底，本國銀行逾期放款比率為0.32%，備抵呆帳占逾期放款之覆蓋率為377.46%，銀行經營體質已大幅改善。近年來更因進一步推動金融自

由化，銀行業整體盈餘已逐步成長，本國銀行 2013 年稅前盈餘增至 2,576.5 億元（2014 年第 1 季 837.5 億元），但 2013 年金融產值占比為 6.5%（2014 年第 1 季占比為 6.56%），爰該占比並無法反映金融業實際發展情形，此亦為近年來國際間興起不應以 GDP 衡量一國經濟發展之真實情形。

上開數字顯示，臺灣金融服務業逐步健康茁壯。按行政院主計總處自 2005 年起對金融中介服務業之計算，改以銀行等金融中介業之利息收支淨額及手續費收入等資料估算，爰其產值與存放款利差有密切關係，依財團法人保險事業發展中心就金融保險業之國內生產毛額占國內生產毛額比例與國內利差進行相關分析，相關係數高達 0.9436，再以古典迴歸模型分析，解釋變數（利差）對被解釋變數（金融業產值）解釋程度（Adjusted R-squared）為 88.26%。查 2014 年第 1 季香港利差達 4.99%，新加坡利差更高達 5.2%，均高於臺灣之 1.4%。且產值比重是相對比較概念，各國產業結構差異會影響產業比重之消長，香港及新加坡因製造業較不發達，產業結構偏重金融業且利差較高，爰其金融業名目生產毛額占 GDP 比重較高，若與產業結構相近之日本及南韓比較，我金融產業產值比例則相對較高。

又金管會近年已採行各項促進金融業發展之開放措施，並協助國內金融業海外布局，已獲得各界包括美國商會等公開支持與肯定。

參、金融業納入自由經濟示範區

有關文中提及金融業雖納入自由經濟示範區，惟針對外人投

資的開放項目,仍僅侷限於外幣商品及業務乙節,按金融服務於自由經濟示範區所規劃之策略,即是以「虛擬境外」全區開放方式規劃推動,初期先以銀行國際金融業務分行(offshore banking unit, OBU)為開放主軸,OBU即是以外國人及外幣為交易對象及服務範圍。同時修正國際金融業務條例,創設國際證券業務分公司(offshore securities unit, OSU)制度,金管會已核准17家證券商設立OSU。

另此次示範區之金融服務,開放OBU及OSU對非居住民提供之業務及商品,商品面原則全面開放,除複雜之信用類衍生性商品及涉及新臺幣之新種外匯業務外,均已得辦理;在國內投資人開放方面,係依據投資人屬性開放相關商品與業務。考量專業機構投資人之專業程度高,爰已大幅鬆綁,開放DBU對專業機構投資人提供多項服務及商品。至於對國內一般投資人部分,亦已開放衍生性人民幣金融商品(含結構型商品)可做為理財投資工具。

上開金融服務相關措施開放後,截至2014年第1季,本國銀行累計稅前盈餘達新臺幣837.5億元,較上年同期675.2億元,成長24.04%;其中國際金融業務分行累計稅前盈餘新臺幣259.6億元,較上年同期158.8億元,大幅成長63.48%,顯示金融業納入示範區已有具體成效。

肆、政策建議之說明

一、有關成立金融整併專案小組並放寬相關併購法規的限制乙節

國內金融服務業面對的是國內幅員小,「市場」不大,且金

融機構同質性高（提供的商品與服務相似）的問題。為擴大臺灣金融業市場空間，金管會已鼓勵臺灣金融機構走出臺灣，布局極具發展潛力的亞洲市場，協助金融業掌握臺商產業擴展亞洲之商機。金管會已研擬相關協助措施，包括加強國際監理交流合作、鬆綁法規程序、放寬轉投資額度、培訓國際人才、建置海外布局資料庫等，積極鼓勵金融機構於兼顧風險管理及金融發展前提下布局亞洲，朝向國際化發展。

同時，為協助金融機構擴大其規模與風險承擔能力，金管會已藉由建立明確的併購法制，以及公平、公開、透明之作業程序，營造有利金融整併的法律環境，鼓勵金融機構基於發展業務需要進行併購。2012年即完成3件銀行合併案、4件證券商合併案、1件期貨商合併案；2013年完成1件證券商合併案、1件期貨商合併案、2件投信投顧合併案。

另有鑒於國內金融機構之同質性高，對於以低價爭取業務之惡性競爭情形，金管會持續推動金融機構採行風險定價措施，希引導金融機構提供各項金融服務或商品時，相關價格應考量作業成本及風險成本，以利金融業長期永續發展。金管會將持續透過金融檢查，並鼓勵研發提供創新之金融商品，以導正此惡性競爭情形。

有關文中談到金控業者指出，過去金管會曾放寬金控轉投資最低得先取得5%股權，但後續修法限縮，必須一次取得控制性持股乙節，金管會係鑒於金控公司若未能取得被投資事業之控制權而為投資，有違金控公司設立之精神，日後併購不成亦衍生退場問題，不僅不利金融機構健全經營，對金融市場秩序亦有不利影響，爰於2010年12月1日修正「金融控股公司投資管理辦法」，

規定金控公司對於金融機構之首次投資,應取得控制性持股。

　　金管會對金融機構整併,在政策上係秉持需符合 3 項原則:(一)依照市場機制;(二)依循法令規定;(三)符合大眾利益等。考量金融機構整併涉及換股比例、轉換價格等股東權利行使事宜,須由其大股東發動,金管會建構明確法制與審查原則,對於財務業務健全,遵法情形良好之金融機構申請整併案件,亦樂觀其成並積極予以協助,爰應尚無成立專案小組之必要性。

二、鬆綁跨國經營法規限制

　　為因應金融市場快速變化,金管會已持續以積極開放、鼓勵創新之立場,在兼顧風險控管前提下,大幅鬆綁相關法規限制,協助金融業者拓展業務,提升整體金融產業之競爭利基,具體措施包含:協助金融業布局亞洲、金融業納入自由經濟示範區、開放離岸人民幣各項業務、發展電子商務金流服務、推動金融進口替代等。以金融業納入自由經濟示範區之開放措施為例,在金管會與相關部會的積極推動下,計有 19 項相關金融法規及函令,均已陸續修訂完成。另為提升金融機構在海外市場之競爭力,臺灣金融監理制度已採取「在地監理」原則,使其海外子公司能與當地同業公平競爭。

三、以開放與創新提升金融競爭力

　　金管會已就臺灣與鄰近國家(如新加坡、香港)金融自由化之差異進行比對,發現臺灣與該等國家之監理政策,均遵循國際監理核心原則(core principles)與規範,惟因基本法制不同,爰金融業務與商品之開放程度有異。金管會已積極研提可儘速開放

之金融項目，例如：放寬境外結構型商品之連結標的相關限制、開放國內發卡機構發行以外幣計價及結算之信用卡等。

金管會刻正規劃推動「金融進口替代」策略，希將目前國內金融機構的國外投資移回經由國內金融機構辦理，目前擬採取之方向，包括（一）對於目前國內金融機構已可辦理之商品，鼓勵透過在臺有據點之金融機構進行相關交易；（二）透過法規鬆綁及商品多元化等相關措施，鼓勵金融業開發、創新商品，以滿足國內需求；（三）鼓勵國內金融機構透過購併海外公司，進一步提升產品創新能力。

四、調整金融監理思維

文內提及臺灣主管機關重視防弊勝於興利，在金融業務監理上，多採正面表列且須事先核准之監理方式，似阻礙金融業者在開發新業務與商品乙節，事實上，自金融海嘯之後，國際監理思惟趨嚴，強調審慎監理及加強消費者保護，金融業本屬高度監理之特許行業，金管會係採「雙翼」監理原則，一方面對金融業務採持續鬆綁與積極開放，另一方面也同時要求金融機構強化守法、守紀律、重視風險管理，並保障金融消費者權益，如OBU、OSU辦理外匯業務或衍生性金融商品等，即已納入負面表列之監理精神。

五、加強對 TPP 及 RCEP 與各國金融的研究，提升對外談判能力

為積極準備加入 TPP 及 RCEP，金管會已成立專案小組，密切觀察各國動向，評估相關效益與衝擊，並進行沙盤推演以掌握

先機，同時積極與國內業者溝通尋求共識，做好各項準備工作。

　　區域性經濟合作已是全球發展趨勢，金管會將持續強化對於 TPP／RCEP 與各國金融市場相關資訊之研究，積極檢視臺灣法令、市場開放程度與國際間之差異，推動自由化法規鬆綁等相關措施，俾擴大金融業競爭利基，創造臺灣加入洽簽 TPP、RCEP 等區域經濟整合之有利條件。

回應

鄭貞茂
台灣金融研訓院院長

　　吳孟道先生在其著作〈加入 TPP／RCEP 對臺灣金融業的影響及其因應〉一文中，主要論點有四；分別為臺灣加入區域貿易協定的必要性及準備工作、臺灣金融業的發展現況及問題、加入 TPP 或 RCEP 對臺灣金融業的影響、以及政策建議。基本上本人認同作者的用心與努力，也肯定其對臺灣金融業的現況分析及政策建言。然而，我認為作者在問題分析與政策建言的連結性仍有待補強。以下為個人粗淺看法，希望能提供作者參考。

　　首先，對於臺灣是否應該加入雙邊自由貿易協定（Free Trade Agreement, FTA）或是區域貿易協定（Regional Trade Agreement, RTAs），甚或融入區域經濟整合的體系的意見陳述我沒有太多意見。但在陳述臺灣積極尋求加入跨太平洋夥伴協定（The Trans-Pacific Partnership, TPP）及區域全面經濟夥伴協定（Regional Comprehensive Economic Partnership, RCEP）時，如果能對這兩個協定多一點介紹，以及加入之後對臺灣經濟的利弊得失能夠做一整體性的簡略分析，應該可以強化之後的金融業論

述，爭取金融業認同政府加入這兩個協定的努力。畢竟在臺灣努力融入國際區域整合的過程中，所面臨的阻力除了國際談判的困難度之外，臺灣是否有足夠的支持力量也是重要關鍵因素，最明顯的例子便是兩岸服貿協議至今仍無法通過立法院的審議。

其次，作者雖然提及 TPP 或 RCEP 除基本的產品關稅減讓議題外，還包括服務貿易、金融、人員移動、智慧財產權、環保及勞工等全面性自由化的議題，因此其對個別產業也會產生不同的影響與衝擊。如果能針對 TPP 或 RCEP 相關的金融規管與議題做一簡單陳述，也有助於金融業者或是政府主管單位對於問題的產生以及解決方案有一些思考。

第三，在金融業的現況分析中，作者所列出的一些金融業相關總體數據並無法真正凸顯當前臺灣金融業競爭問題及其所面臨的挑戰。舉例來說，作者舉出近 10 年來金融服務業 GDP 占比下滑的事實以顯現金融業產值日益萎縮的窘境，但從圖 1 可以看出，其中一個關鍵是在 2008 年，亦即全球金融海嘯之後，臺灣金融服務業產值明顯下滑，但此一特殊重大事件是否可以代表臺灣金融服務業長期下滑趨勢仍有待商確。另外，作者認為臺灣金融服務業的資產報酬率（ROA）不如整體上市企業，亦不如其他國家，並據此推論臺灣金融服務業的績效較差，此論點也有待斟酌。眾所周知，每個產業屬性不同，因此比較不同產業的 ROA 僅能反映彼此之間的產業差異性，例如競爭情況，而不一定是 ROA 較低的產業績效較差。如果從作者所提供的圖 2 來看，臺灣金融產業的 ROA 雖然長期低迷，但維持穩定。反觀全體上市企業 ROA 則呈現下滑趨勢，由此看來，比較需要擔心的反而是全體上市企業的經營績效，而非金融業者。

再者，只比較跨國金融服務業的 ROA 而忽略總體經濟環境，並據此認定臺灣金融業者績效不如並他國家，這樣的推理也失之偏頗。的確，臺灣金融業者的 ROA 可能是落在亞洲國家的後段班，但這主要是因為過去 10 年臺灣的利率水準每況愈下，目前利率水準也是亞洲次低（僅略高於日本），因此導致金融機構存放款利差持續收窄並影響獲利情況，但並非金融機構的經營績效較差。一個明顯的例子，近年來外國金融機構（包括銀行與壽險公司）逐漸退出臺灣市場，此即反映臺灣金融市場環境變差，但相對地本國金融機構獲利則逐漸改善，顯示臺灣金融機構經營績效不見得輸給外國金融機構。

仍然，我同意作者對臺灣金融產業一些結構性問題的論述，例如金融機構規模過小（非產業規模過小）、金融創新不足、國際化發展仍有待提升（並非發展落後）等，但這些並非表示臺灣加入 TPP 及 RCEP 之後，金融業將處於劣勢。相反地，我認為加入之後，臺灣金融業者更有機會藉由市場准入而進軍區域市場，進而提升國際經營能力。相對其他新興市場國家對於金融市場的保護，臺灣金融市場相對上是開放的，我們並不怕其他國家的金融業者來臺競爭。從比較利益的觀點來看，臺灣在服務業貿易上具有比較優勢，尤其是金融服務業。

第四，作者認為加入 TPP 或 RCEP 之後，面對金融服務貿易更加自由化的同時，一方面除會加大本國金融體系的波動外，另一方面也會提高國際資本移動的規模與波動性，進而對臺灣的金融市場（包括外匯及證券市場）造成壓力，從而讓臺灣的金融及貨幣政策制定與執行難度增加。作者並認為法規過嚴可能影響臺灣金融業者的發展，因此主張政府應該鬆綁法規，尤其是在與新臺幣相關業務上更應該大幅開放，將金融市場的餅做大。我基

本上完全同意作者的政策建言，但看不出這與加入 TPP 或 RCEP 有何關聯。即便加入 TPP 或 RCEP 之後，資金流動加劇，我也不覺得央行對熱錢進出實施某種程度的資本管制有何不妥，更何況 TPP 及 RCEP 的有些成員國金融市場發展程度還遠不及臺灣，因此我認同曾主委的看法，加入 TPP 或 RCEP 對臺灣金融業衝擊並不大。

最後，對於作者的 5 點政策建言，除了第 5 點之外，我認為其餘 4 點都是政府本來就應該要做的，似乎與加入區域貿易協定較無太大關係。而且除了政府法規鬆綁及鼓勵創新之外，臺灣金融業者本身的經營心態也應調整，應該更加重視基礎建設投資、產品研發及人才培養，不要追求短期獲利，而應重視長期經營績效。相較於加入 TPP 及 RCEP，臺灣金融業者面臨的更大挑戰在於科技創新與新金融模式對現有經營模式的衝擊、以及臺灣人口老化導致金融商品需求改變，如果政府與業者無法配合趨勢做出因應及改變，那麼臺灣金融業所享有的比較優勢就可能被其他國家所趕上。

加入 TPP／RCEP 對臺灣工業的影響及其因應

蔡宏明
中華民國全國工業總會副秘書長

壹、前言

　　亞太地區的經濟整合在「東盟加六」所形成的「區域全面經濟夥伴關係」（Regional Comprehensive Economic Partnership, RCEP）及美國主導之「跨太平洋經濟夥伴協定」（Trans-Pacific Partnership Agreement, TPP）彼此競爭下，呈現加速推進的態勢，未來不但將形塑新的亞太戰略格局，也將對對臺灣的經濟發展，帶來深遠影響。

　　對此，馬英九總統在 2013 年 12 月明確表示，臺灣應採「雙軌併進」策略，同步推動參與 TPP 與 RCEP，此一政策對臺灣工業的影響及其因應對策，值得關注。

貳、TPP 與 RCEP 的競合態勢

　　根據 2010 年 APEC 橫濱領袖宣言，不論是 TPP 或 RCEP，

均係達成「亞太自由貿易區」（Free Trade Area of the Asia Pacific, FTAAP）的重要路徑。

就談判進展而言，儘管以美國為首的 TPP 成員國提出希望於 2013 年 10 月達成完成談判的具體目標，但根據 2014 年 2 月的 TPP 第 20 回合的談判結果顯示，雖然服務業、政府採購、食品安全檢驗及動植物防疫檢疫（Agreement on the Application of Sanitary and Phytosanitary Measures，簡稱 SPS 協定）措施、貿易救濟、勞工與爭端解決、技術性貿易障礙、電子商務、原產地規則、投資、金融服務、透明化、競爭政策、智慧財產權保護和國企改革等章節有較大的進展。但是由於日美等國在關稅領域的分歧依然難以消除，因而並未設定談判完成的具體期限。

此外雖然 TPP 預期 2014 年完成簽署，2015 年底前生效。但是美國已開始推動快速授權法案（Trade Promotion Authority，簡稱 TPA）之立法，但即使民主黨內亦尚未形成共識，則是一大變數。

至於 RCEP，在 2012 年 11 月 20 日柬埔寨金邊舉行的東亞領導人系列會議期間共同發布《啟動 RCEP 談判的聯合聲明》（*Joint Declaration on the Launch of Negotiations for the Regional Comprehensive Economic Partnership*）後正式啟動，至今已完成 3 回合談判，預期於 2015 年底完成談判。2014 年 2 月在馬來西亞吉隆坡舉行的 RCEP 第三輪談判除針對貨物貿易、服務貿易和投資領域的技術性議題展開磋商外，還決定成立智慧財產權、競爭政策、經濟技術合作和爭端解決等四個工作組。

展望未來，RCEP 成敗在很大程度上取決於東盟推動其自身的一體化，雖然東盟經濟共同體（ASEAN Economic Community,

AEC）將於 2015 年建成，但是 AEC 能否在 2015 年建成，將有關鍵性影響。再者，由於各國間簽署自貿協定始終離不開相互間的經濟合作和政治關係，南海部分島礁及海域主權之爭、中日間釣魚島問題等政治關係必將制約相互間開放市場，則 RCEP 組建將受到制約（許甯寧，2012 年 10 月 8 日）。

雖然如此，由於 RCEP 在推動整合的方式上，將承認各參與國個別與多樣的環境差異的前提下，以對既存「東盟加一」FTA 的顯著改善為目標，擴大與深化彼此的交往。為此，RCEP 將提供特殊與差別待遇的條款，並在儘可能符合既存「東盟加一」FTA 規範的情況下，給予東盟低度開發會員國額外的彈性規定，將有助於加速 RCEP 談判目標的達成。

展望未來，由於 RCEP 談判加速，將使美國在免於落後 RCEP 生效的壓力下，產生較大之妥協壓力，特別是由於總統歐巴馬基於擴大美國和東盟十國的貿易和投資關係，以確保美國在亞太地區的地位的考量，預期未來美國在 TPP 談判過程中可能展現較大的彈性。

參、TPP 與 RCEP 加速發展對臺灣的影響

TPP 12 國 GDP 占全球 38%，為經濟規模最大的區域整合架構，RCEP 涵蓋東協十國與 6 個東亞峰會對話夥伴國，總人口數超過 34 億，GDP 占全球 29%，TPP 與 RCEP 的發展都將對全球經濟帶來影響。

根據美國學者 Peter Petri 等人以全球貿易分析計劃（Global Trade Analysis Project, GTAP）模式所進行之量化模擬結果顯示，TPP 與 RCEP 成形後，將分別為全球帶來 2,947 億美元及 4,999 億美元之所得收益，雖然 TPP 在全球所占之貿易比重較高，然因

TPP 成員國大多數貿易障礙原先已較低，而 RCEP 最初之貿易障礙較高，且主要經濟體間，如中、印、日、韓間尚未簽定 FTA，因此 RCEP 之效益大於 TPP。

值得注意的是，如果未來 TPP 與 RCEP 殊途同歸，融為一體，最終形成所謂的 FTAAP，涵蓋所有 APEC 下的 21 個經濟體，則其效益將遠高於 TPP 或 RCEP，估計在 2025 年時將使全球所得收益增加 1 兆 9,217 億美元，增加幅度約占全球 GDP 之 1.86%。

對臺灣而言，根據美國學者 Peter Petri 與 Michael Plummer 以 GTAP 模式所進行之量化模擬結果顯示，由於臺灣是 APEC 成員，如果 FTAPP 成形，臺灣所獲經濟收益將達 530 億美元，占我 GDP 比重達 6.31%。

但是，臺灣因未能參與 TPP（包括韓國在內的 13 國）和 RCEP，則在 2025 年時臺灣所得收益將分別減少 29 億與 159 億美元，占我 GDP 比重分別為 -0.35% 與 -1.90%。其中，臺灣不能參與 RCEP 所產生之負面衝擊將大於不能參加 TPP 所產生之衝擊（見表 1）。

表 1　TPP 與 RCEP 對臺灣經濟的影響　　　　　　　　單位：10 億美元；%

	2025 年 GDP	2025 年所得收益 TPP (13)	Asian track	FTAAP	變動率 TPP (13)	Asian track	FTAAP
全球	103,223	294.7	499.9	1,921.7	0.29	0.48	1.86
美國	20,273	77.5	2.5	266.5	0.38	0.01	1.31
中國	17,249	-46.8	233.3	678.1	-0.27	1.35	3.93
日本	5,338	119.4	103.1	228.1	2.24	1.93	4.27
南韓	2,117	45.8	87.2	129.3	2.16	4.12	6.11
臺灣	840	-2.9	-15.9	53.0	-0.35	-1.90	6.31

資料來源：Petri 與 Plummer（2012）。

肆、加入 TPP／RCEP 對臺灣工業的影響

對臺灣而言，TPP 與 RCEP 國家為臺灣主要市場、投資地區與外資來源，2012 年 TPP 成員國占我進出口貿易總額之 35.02%，RCEP 成員國更高達 56.56%；臺灣前 10 大貿易夥伴中，中國大陸、日本、美國、新加坡、韓國、馬來西亞和澳洲等 7 國均為 TPP 或 RCEP 成員，若能加入 TPP 或 RCEP，可望為臺灣帶來正面經濟效益。

根據經濟部所提出之〈臺灣推動加入跨太平洋夥伴協定（TPP）之經濟影響評估報告〉，加入 TPP 可望為臺灣帶來正面經濟效益。實質 GDP 可增加 78 億美元（1.95%），實質總產出將增加 175 億美元，總就業約增加 6 萬 5 千人次。其中製造業部分總產值約成長 104 億美元（2.11%），就業增加約 7 萬 4 千人次。服務業產值估計可成長 85.8 億美元（2.28%），就業人口增加 6 千 7 百多人次。農業及其加工製品則是受到加入 TPP 衝擊最明顯的產業，總產值估計約減少近 20 億美元（-7.37%），總就業人數估計約減少 1 萬 6 千多人次，顯示加入 TPP 可望帶動臺灣貨品產業拓展出口，可因對手國調降關稅，帶動臺灣貨品出口貿易的明顯提升，有助臺灣健全國際產業供應鏈及提升競爭力，並進而帶動國內產值及創造就業機會。

另外，根據許博翔（2012）〈TPP 及 RCEP 對我國經濟衝擊之量化分析〉預估加入 TPP 對 GDP 成長率為 1.98%，福利增加 62 億美元，出口增加 88 億美元，加入 RCEP 對 GDP 成長率為 4.36%，福利增加 116 億美元，出口增加 134 億美元，似乎顯示臺灣參與 RCEP 的效益要大於參與 TPP。

其中，因為目前臺灣產業與 RCEP 及部分 TPP 成員國已形成

明顯之產業分工態勢，除涵蓋臺灣產業上游及下游產品的生產地區之外，尚包括最終產品的重要市場，當然也不乏逐漸發展成為臺灣競爭對手之發展中國家。對於以中間財、零組件為出口主力的臺灣而言，加入 TPP 或 RCEP，將有助於維繫既有的供應鏈關係，避免因為被排除在外所面臨的供應鏈斷鏈和邊緣化危機。

當然，由於 TPP 和 RCEP 都強調強化或超越 WTO，要達成一個「全面性、高品質」的區域自貿協定，從而對臺灣帶來全面經貿自由化壓力。

以關稅為例，美國以 TPP 自由化程度達 96% 為目標（美國迄今簽署之 FTA 自由化程度達 95% 以上，如美韓 FTA，美國與韓國之自由化程度分別高達 99.2% 及 98.2%）。即使是 RCEP 重點在於整合有的東協與其他 6 個國家的自貿區協定，但是多數「東協加一」自貿協定敏感商品非零關稅的稅目約占全部的 5%～10% 左右，未來貨物貿易降稅模式和服務貿易領域的市場准入的擴大開放，也將對臺灣帶來壓力。

對臺灣而言，雖然加入 WTO 時已承諾大幅調降關稅，2011 年臺灣全部產品之貿易加權平均稅率僅 1.6%，其中工業產品貿易加權平均稅率僅 1.3%。從工業產品稅率結構觀察，臺灣稅率結構較為自由化，58.4% 項目稅率低於 5%，已有 36.5% 項目為零關稅。至於加入 TPP／RCEP 時將稅壓力較大的部門主要是運輸工具（平均關稅 9.0%，但是仍有約 83 個稅目處於關稅高峰 15% 以上）和紡織品及紡織製品（平均關稅 8.8%）。

此外，由於臺灣對大陸的開放還未達到對其它 WTO 成員的開放水準。例如截至 2013 年 6 月臺灣對大陸禁止進口的貨物為 2,115 項，其中工業產品達 1,220 項，未來在加入 RCEP 時將面對開放壓力。

當然,不論是加入 TPP 或 RCEP 都會產生「贏家」及「輸家」（見表 2）,依據許博翔 2012 年的估算,未來若在 TPP 架構之下開放市場,紡織、化學與石油等產業受益程度較高,但機械設備產業中的汽車與非鐵金屬產業等可能受到衝擊。若在 RCEP 架構下開放市場,受益的仍主要是化學、橡膠及塑膠製品等石化產業,另外還有機器設備也能從中獲益,但是受損害的將是電子設備、其他運輸工具與金屬製品等。

表 2　臺灣加入 TPP 贏家與輸家　　　　　　　　　　單位：百萬美元

加入 TPP 贏家		加入 TPP 輸家	
紡織	4,734.91	機械設備	-1,091.21
化學、橡膠及塑膠製品	2,107.91	牛肉	-161.45
石油及煤製品	1,034.21	蔬菜、水果及堅果	-113.10
貿易	939.63	其他動物產品	-112.29
營造工程	925.92	非鐵金屬	-109.19
皮革製品	912.47	其他肉類製品	-93.63
加入 RCEP 贏家		加入 RCEP 輸家	
化學、橡膠及塑膠製品	8,868.76	電子設備	-5,711.41
機械設備	5,570.40	其他運輸工具	-514.75
石油及煤製品	2,205.59	金屬製品	-488.81
紡織	2,007.63	商業服務	-412.00
貿易	1,507.16	汽車及零件	-170.16
營造工程	1,280.30	木材製品	-135.66

資料來源：許博翔（2012）。

伍、政策建議

一、凝聚支持經貿自由化的國內共識

「臺紐經合協定」與臺星 ASTEP（Agreement between Singapore and the Separate Customs Territory of Taiwan, Penghu, Kinmen and Matsu on Economic Partnership）對臺灣推動參與 TPP 和 RCEP 具有里程碑的意義，也將有助於未來與其他貿易對手國展開洽簽 FTA 或 Economic Cooperation Agreement（ECA）的談判。但由太陽花學運事件顯示，除非政府確實面對未來談判可能面對的開放問題，確立談判目標與達成目標必要的調整和因應計劃，否則將難以讓其他貿易夥伴，感受到臺灣具有開放的決心和儘快參與 TPP 和 RCEP 的企圖心，同時也無法在臺灣內部形成支持經貿自由化的共識。

二、積極解決臺美談判障礙是參與 TPP 談判關鍵

由於美國是 TPP 中最具影響力的成員，政府尤其應力求在臺美「貿易暨投資架構協定」（Trade and Investment Framework Agreement, TIFA）談判中，有效解決豬肉進口、農產品的殺蟲劑和農業化學品科學標準的最大殘留安全容許量（maximum residue limit, MRL）與健保藥價制度等美方關切議題之障礙，才能讓美方公開表示「支持臺灣參與 TPP 談判」。

三、建構產業合作網路拓展區域市場

在全球區域整合趨勢下，臺灣除了參與 TPP 和 RCEP 以為出口主力產業爭取雙方對等互惠開放市場，創造出口機會之外，也應結合產業公協會、政府單位及智庫的力量，對於 TPP 和 RCEP 成員國之重要產業領域進行產業與技術合作，形成互利互補的合作機制，建構在 TPP 和 RCEP 區域市場的合作網路，才能維持供應鏈優勢。

四、提出「主動調整」的積極產業政策

政府在參與 TPP 和 RCEP 時除了對於敏感產業爭取採分年開放方式,避免立即降稅對產業之影響外,已經核定「因應貿易自由化產業調整支援方案」並編列新臺幣 982 億元,但是方案規定必須是「因簽訂區域貿易協定(含 ECFA)受衝擊的產業」才能提供輔導,卻是一種「消極被動」的策略,自然無法平息外界的疑慮。因此,應該針對可能受影響的農工產業提出「主動調整」的積極產業政策,加速落實推動產業轉型與創新營運模式,才能提升其應對競爭的能力,並消除其疑慮。

參考文獻

許博翔(2012)。〈TPP 及 RCEP 對我國經濟衝擊之量化分析〉,《APEC 通訊電子報》,159。取自 http://www.ctasc.org.tw/02publication/APEC-159-p06-07.pdf

許甯寧(2012 年 10 月 8 日)。〈RCEP:東盟主導的區域全面經濟夥伴關係〉。取自 http://www.cafta.org.cn/show.php?contentid=65652

Petri, P. A., & Plummer, M. G. (2012). *The Trans-Pacific Partnership and Asia-Pacific integration: Policy implications*. Retrieved from http://www.iie.com/publications/pb/pb12-16.pdf

伍 工業

回應

葉長城
中華經濟研究院 WTO 及 RTA 中心助研究員

壹、重點摘要

　　本文作者為全國工業總會蔡副秘書長宏明，作者過去無論在區域經濟整合、國家總體經濟及產業發展之政策理論與實務方面，均有相當深厚的學養與豐富的實務經驗。基於作者對本次主題的深入瞭解，其主要係從 TPP 與 RCEP 的競合態勢、TPP 與 RCEP 加速發展對臺灣的影響，以及加入 TPP／RCEP 對臺灣工業的影響等方向，針對「加入 TPP／RCEP 對臺灣工業的影響及其因應」議題，進行深入的剖析，並於篇末提出四大政策建議。

　　首先，在 TPP 與 RCEP 的競合態勢分析上，作者明白指出不論是 TPP 或 RCEP 均係達成 FTAAP 的重要路徑。而過去儘管包括美國與其他 TPP 成員國提出希望在 2013 年 10 月完成談判，但根據 2014 年 2 月 TPP 的談判進展卻顯示，由於日美等國在關稅領域的分歧，使得 TPP 談判並未如期達成完成談判的具體目標。作者也認為，雖然目前 TPP 預期在 2014 年完成簽署，2015

年底前生效，但是美國國內政治因素，特別是民主黨黨內對推動貿易促進授權（Trade Promotion Authority，簡稱 TPA）立法尚未形成共識一事，將會為 TPP 是否能如期完成談判帶來不確定的影響。

此外，在 RCEP 的談判前景評估方面，作者認為 RCEP 未來的成敗將取決於東協經濟共同體（AEC）能否成功於 2015 年建成。自 2012 年 11 月，RCEP 宣布將正式啟動談判迄今，RCEP 已進行了 4 回合的談判，預期 2015 年底完成談判。不過，除了 AEC 的進展關係到 RCEP 能否完成談判外，包括 RCEP 成員國間所存在的政治矛盾，如南海主權爭議、中日釣魚臺主權爭議等，均可能影響 RCEP 組建的進程。

其次，在有關 TPP 與 RCEP 加速發展對臺灣的影響方面，作者指出從經濟規模觀察，TPP 為經濟規模最大的區域整合架構，而 RCEP 總人口數更超過 34 億，因此無論 TPP 及 RCEP 均將對全球經濟帶來影響。對此，作者引述了美國學者 Peter Petri 等人以 GTAP 模式所進行之量化模擬結果顯示，雖然 TPP 在全球所占之貿易比重較高，然而由於 TPP 成員國大多數貿易障礙原先已較低，而 RCEP 最初之貿易障礙較高，且主要經濟體間，如中、印、日、韓間尚未簽定 FTA，因此預估兩大經濟整合體未來各自成形後，RCEP 之效益將大於 TPP。同時，如果未來 TPP 與 RCEP 最終可融為一體，形成所謂 FTAAP，並涵蓋 APEC 21 個經濟體，則其效益將遠高於 TPP 或 RCEP 的建立。

另外，作者進一步引述該模擬結果說明基於臺灣亦 APEC 成員，若 FTAAP 的理想真能實現，則臺灣的 GDP 將額外成長 6.31%。不過如果未來臺灣均未能參與 TPP 或 RCEP，則將面臨

一定程度的負面衝擊。其中，未能參與 RCEP 所產生的負面衝擊將大於無法加入 TPP 所產生之衝擊。

再者，在加入 TPP／RCEP 對臺灣工業的影響方面，作者首先指出無論 TPP 與 RCEP 國家，皆為臺灣對外貿易的主要市場、投資地區與外資來源。包括中國大陸、日本、美國、新加坡、韓國、馬來西亞與澳洲等，不僅為臺灣前 10 大貿易夥伴國家，同時也均為 TPP 或 RCEP 成員國，因此未來若能加入 TPP 或 RCEP，將可為臺灣帶來正面經濟效益。

為進一步在量化數據上找到立論基礎，作者特別引用了臺灣經濟部所提出之〈臺灣推動加入跨太平洋夥伴協定（TPP）之經濟影響評估報告〉與學者許博翔（2012）的量化分析結果。兩者的評估結果均顯示，加入 TPP 可為臺灣帶來正面經濟效益，其中作者引述許博翔分析結果指出，臺灣參與 RCEP 的效益似乎大於參與 TPP。

針對此一分析結果，作者進一步指出由於臺灣產業與 RCEP 及部分 TPP 國家本就存有明顯的產業分工關係，對於以生產中間財與關鍵零組件為主的臺灣來說，加入 TPP 或 RCEP 有助於臺灣維繫原有的區域供應鏈關係，並化解臺灣因被排除在外而面臨的供應鏈斷鏈與邊緣化危機。

但在面對迎接「全面性、高品質」的區域貿易協定時，臺灣同樣也會面臨推動經貿自由化所產生的壓力，作者以關稅的消除為例，指出無論 TPP 或 RCEP，未來均要求較高比例的零關稅稅項，此外，包括服務貿易領域的開放，也會為臺灣帶來壓力。儘管，臺灣在加入 WTO 時已大幅承諾調降關稅，目前整體關稅稅率結構也較為自由化，但預期平均關稅較高的運輸工具、紡織

品及紡織製品進一步的開放仍將面對壓力。至於,若臺灣想加入 RCEP,另一個需要面對的就是與大陸貿易正常化的議題,作者認為目前臺灣對大陸開放還未到達對其他 WTO 成員的開放水準,未來在加入 RCEP 時勢必得面對與大陸貿易正常化的問題。

對於加入 TPP 或 RCEP 對臺灣產業衝擊的分析方面,作者引述學者許博翔(2012)的分析指出,在加入 TPP 後,臺灣紡織、化學與石油等產業的受益程度較高、加入 RCEP 的主要受益者仍為化學、橡膠及塑膠製品等石化產業,而機器設備業也能從中受益。至於在受衝擊產業方面,加入 TPP 的輸家將是機械設備產業中的汽車、非鐵金屬產業;但在加入 RCEP 架構下的輸家則為電子設備、其他運輸工具與金屬製品業等。

最後,在具體政策建議方面,綜整前述分析重點,作者認為臺灣未來應該從「凝聚支持經貿自由化的國內共識」、「積極解決臺美談判障礙」、「建構產業合作網路拓展區域市場」以及「提出『主動調整』的積極產業政策」四大方向著手,來為臺灣推動加入 TPP／RCEP 在工業部門上的因應做好萬全準備。

貳、討論重點與建議

茲僅就作者針對本文主題,從 TPP 與 RCEP 的競合態勢、TPP 與 RCEP 加速發展對臺灣的影響及加入 TPP／RCEP 對臺灣工業的影響等面向所進行的詳盡分析與具體政策建議,提出下列幾項討論重點與建議,供作者及與會專家學者參考和指正。

一、有關 TPP 與 RCEP 的競合態勢

(一)TPP 自 2013 年 8 月舉行第 19 回合談判後,即逐漸不再以所

謂「回合」稱呼每次TPP成員國的談判會議，轉而以進行「部長會議」、「首席談判代表會議」或「議題別的期間會議」方式繼續推動後續談判。主要原因在於歷經4年的漫長談判後，TPP已進入各國需要採取較高層的「政治決定」，方能根本解決彼此立場分歧較大之議題的談判深水區。

整體而言，目前TPP各國聚焦的爭議議題不外乎為智慧財產權、環境、競爭政策（特別是國營企業約束條款）與市場進入等議題。另外，美日兩大經濟體雙邊談判進展緩慢也是影響TPP整體談判進度的關鍵因素之一。儘管，根據2014年5月底之TPP談判消息顯示，美日兩國領袖已在2014年4月底的會面過程中，就解決日本5大敏感農產品（包括稻米、大小麥、乳製品、牛豬肉及甜味料作物〔如甘蔗與甜菜〕等）市場進入議題之主要路徑與參數達成重大共識。美國歐巴馬政府已表明不再堅持消除日本牛、豬肉關稅之立場，同時也瞭解要讓日本消除所有農產品關稅的目標並非一可行的務實要求。但可以預見美國未來仍會藉由TPP談判的外壓力，有效改善日本農產品的市場進入條件，使其對美國的開放程度，更具有商業上的意義。因此，後續日本與美國及其他TPP農產出口國（例如紐西蘭）勢必仍將有進一步的談判攻防。

（二）影響TPP談判進度的美國國內因素，除TPA的議題外，2014年11月美國國會即將舉行期中選舉，也是另一個短期內國會不願積極處理TPA議題的主要原因。

（三）作者在RCEP的推動整合上已說明RCEP係以較有彈性的方式，在重視各參與國個別與多樣環境差異的前提下，以既存「東協加一」FTA的顯著改善為目標，擴大與深化參

與國彼此的交往；此一特點明顯不同於 TPP 的談判模式。基本上，TPP 的談判進行模式係採高標準及「單一認諾」（single undertaking）的「一步到位」方式進行。儘管，TPP 也宣稱為解決 TPP 已開發與開發中成員國的發展差距議題，TPP 未來將透過推動貿易能力建構、提供技術協助與階段性開放承諾等方式，適度解決 TPP 開發中成員國在加入 TPP 與落實 TPP 開放承諾上所需要的具體協助，但一般來說，目前許多觀察均認為在談判進行模式與生效後的執行進程上，RCEP 的彈性將大於 TPP，關於此點本文或許可考慮一併納入分析。

二、有關 TPP 與 RCEP 加速發展對臺灣的影響

（一）根據 IMF World Economic Outlook 資料庫最新統計數據顯示，正在談判中的美歐「跨大西洋貿易與投資夥伴協定」（Transatlantic Trade and Investment Partnership, TTIP）其 GDP 規模於 2013 年占全球 GDP 比重達 46.2%，高於 TPP（37.52%）及 RCEP（28.76%）同為目前全球大規模區域整合體之一，其發展動態亦可能受到 TPP 談判進展的刺激，而其在建立全球新貿易規則的影響力上，同樣不可忽視。

（二）一般在引用 2012 年 11 月，美國知名智庫彼得森國際經濟研究所（Peterson Institute for International Economics）與東西中心（East-West Center）研究團隊，所發表之〈跨太平洋夥伴協定與亞太整合：量化評估〉（The Trans-Pacific Partnership and Asia-Pacific Integration: A Quantitative Assessment）之政策分析報告的量化數據時，常忽略交待

其量化分析模擬情境的基本假定。由於該報告在 TPP 軌道的發展路徑方面，係假定除墨西哥、加拿大兩國外，當時 TPP 其餘 9 個國家將於 2013 年完成談判並簽署 TPP 協定，而 2014 年後包括日本、韓國兩國均會加入並形成 TPP 13 國。

另外，在所謂亞洲軌道的發展方面，該研究則假定未來在東協既有的經濟連結基礎上，中－日－韓 FTA 將於 2013 年正式簽署，2016 年「東協加三」將會正式形成，至 2020 年以後兩個軌道均將朝更大與更廣的區域整合體邁進，並將以發展成為亞太自由貿易區（FTAAP）的目標為終點（該研究報告亦將非 APEC 成員──印度加入 FTAAP 納入模擬情境）。基於上述研究情境與目前實際情況仍有相當出入，因此在解讀時應以不同區域經濟整合體形成後造成之經濟影響的方向與強度為重點，而非強調模擬數字的大小，此點係一般讀者在解讀該報告數據時應該較為謹慎與注意之處。

三、有關加入 TPP／RCEP 對臺灣工業的影響

本文作者引用許博翔（2012）的分析，提出臺灣參與 RCEP 的效益似乎要大於參與 TPP 的結論，對於此項說法臺灣有不少輿論甚至據此論斷臺灣應全力優先推動 RCEP 而非 TPP。另一種比較平衡的看法，應考量該種說法常僅看到加入 RCEP 後因獲得消除或削減關稅的優惠對貨品貿易帶來的好處，而忽略其實相較於 TPP 市場，特別是 TPP 先進國家的市場，RCEP 市場所存在之非關稅障礙整體而言相對較高，且其服務業的開放程度亦相對較低，因此未來這些實質障礙若不能有效消除，仍有可能大幅抵消臺灣加入 RCEP 後的實際經濟效益。

但另一方面，在推動加入 RCEP 時，若能夠同時參與 TPP 則有幾項好處，包括：（一）能夠與購買力較高、對加值需求更高的 TPP 先進市場連結；（二）TPP 市場，特別是美日等市場通常具有較高階的技術，透過 TPP 的連結可加大臺灣取得未來產業升級所須具備之高端技術的機會；（三）加入 TPP，利用其高標準與高品質的要求，可提供臺灣經濟體制進一步革新並與國際接軌的外壓力，有助於加速臺灣整體經濟與產業結構的調整；（四）未來臺灣若能順利加入 TPP 及 RCEP，將可因此同時建立與美國、中國大陸、日本等大型經濟體的實質經濟整合關係，同時也可進一步擴大縱深，同步完成臺灣與其他亞太中小型貿易夥伴國的經貿及實質關係之布局。

四、在具體政策建議方面

除作者在本文所提出對加入 TPP／RCEP 臺灣所應採取的四大因應建議外，在作者有關「凝聚支持經貿自由化的國內共識」部分，建議未來政府在面對社會多元意見的表達與訴求時，應以最大的心力及資源做好對內雙向溝通的工作。因為就國際間對外洽簽 FTA 的一般流程來說，對內溝通本就是各國在推動經濟整合過程中一項不可忽視的重要環節。特別是對民主國家而言，由於在決策過程裡仍須重視民意的表達及參與，因此在談判專業與民意訴求間常需取得一平衡點，最終才有可能成功完成 FTA 的談判簽署工作，並使其生效執行。從太陽花學運的經驗可知，我政府當前實有必要大幅提升對內溝通的工作能量，才有可能於未來在面對開放幅度更大的 TPP 時，具備更為充沛的推動動能，來克服可能面臨之內部社會與政治壓力，並化解可能受到自由化衝擊之利害關係團體的疑慮，同時主動而非被動的提供其所需要的轉型輔導及協助。

伍、工業

回應

韓孝民

福懋興業股份有限公司總經理室高級專員

壹、臺灣經濟發展的現狀與十字路口

　　簡單描述臺灣的經濟情況：土地面積 3.6 萬平方公里其中 2/3 是山區，人口 2,330 萬，這表示內需的經濟規模小，30 年後年輕人買不起有限供給的住房；工業產品 70% 須出口外銷，平均每月出口額約 400 億美元中有四成銷往大陸及港澳，出口東南亞的比重漸增，出口歐洲的比重長期拉不高，而出口美國及日本兩大主要市場的占比降低；加上供應鏈國際化，已由成品直接出口轉為半成品間接出口到主要消費市場，產品的在地價值成分（Regional Value Content, RVC）縮水；由於貿易市場的規律是做鄰近易做又好賺的事，所以 20 年後手上的產品與事業都因為市場集中而成為紅海一片；由於天然物資缺乏，初級上游的原物料價格受國際市場起伏波動，漲多跌少，帶動通膨，並且一級產業沒有優勢，包括農林漁牧畜礦業等，連帶的手工藝加工及無差異化的通用機器產出品也成為弱勢產業；由於經濟發展的起步早於日本以外的亞洲各國，工資相對較高，民生應用科技較強，在

鄰國睡獅困獸振起後，臺灣面臨「前有強敵、後有追兵」的處境，工資倒退到 16 年前水平，亞洲四小龍早已不見臺灣的排名，甚至 GDP 低於廣東一省；政府歲入預算約 2 兆元，差不多是台塑、鴻海、台積電任一集團的年營業額，至於負債額有學者推算平均每人約 20 萬元以上。此外，臺灣在快速民主化之後，雖然 70% 工業產品待出口的 GDP 成長壓力大，但從事內需工作的人占 70% 以上，這些多數人口不喜歡外來的競爭，特別是大陸，而上次 2012 年的大選兩大黨的差異 6%，媒體稱為五五波。試問：這樣的國家站在十字路口時，該往左？往右？或向前呢？答案應該是修正式向前走。

貳、臺灣加入 TPP／RCEP 是家產大豪賭嗎？

20 年前就有學者提出要預防企業外移造成的產業空洞化危機，或者因而有「戒急用忍」的大陸政策？說是大陸政策，因為政府從沒禁止企業到他國設廠，但是事後的發展是集中於大陸（前述占出口額四成），說明大陸市場易做易賺，也易於漸進成紅海？外移的弱勢產品企業說：出走是找死，不出走是等死！筆者不同意把投資海外比喻為死囚的困境：越獄找死，不越獄等死！誰不希望國家經濟發達而國民充分就業呢？30 年前中小企業的原物料全在臺灣買足，一口氣做到成品且直接出口，而現代的產業供應鏈已經多國分工、全球分銷，企業家老闆及臺幹們成為遊牧民族，逐水草而居，飛來飛去，時代不同了，環境不一樣了，賺錢更遠、更累、更難了！

曾有名家說：只有最封閉的北韓及最落後的新幾內亞可以不加入國際經濟協議。臺灣工業產品如果可以出口降到 7% 而不是

70%，筆者或許可以接受用高關稅來抵制外國貨品，不參加包括 WTO 的任何經濟合作協定，然而現實就不是這樣，臺灣只有修正式向前走才能為後代開創前途美景。筆者告訴正在讀已經貶值大學的兒子說：老爸留給你的房子你只會偶爾住幾天，你未來的妻子可能只會說一點點爛國語，你的身分證在網路報稅後基本已經沒用了，健保卡相對更重要些，你在海外生活多注意有利於臺灣貨通有無的商機，把兩地的優勢結合起來做生意，只有業務密集往返臺灣時，我們才得見面。什麼叫做人才外流？張忠謀先生返臺成為臺灣半導體之父；什麼叫做資金淘空？美國的汽車大廠及日本的家電大廠哪家不往亞洲設廠！國際經濟合作 EC 就像歐盟的 EC，邊界、企業、資金、甚至家人都國際化了，臺灣已經這樣了，先進國家早就這樣了，沒有退路可走！修正式向前走！

參、臺灣能做到 FTA 嗎？

　　FTA 的門檻工業產品 90% 以上稅目零關稅，臺灣的貿易大門開得到嗎？筆者擔心凱道上綁布條、埋鍋造飯的民眾及類群越來越多樣，而媒體及立委在旁助威升溫！坦白說，臺灣 FTA 的經驗還不夠，關稅大開放的耐震力也可疑？過去以來，即使臺灣曾經排名世界貿易第八大國，但簽署 FTA 的國家（邦交小國為主）貿易總額占不到臺灣出口額的 2%，影響極微；多年來占臺灣出口貿易額高達 40% 的兩岸 ECFA 卻只有不到 600 個零關稅稅目，只占 8 千多個總稅目的 7% 而已，並且臺灣是大順差，這種情形應該是臺灣主動要求 FTA，結果相反，走三步退二步。我們看到大陸及南韓在過去 10 年來與世界各大小國簽完 FTA，臺灣的機會一再的讓給別國，那麼，以出口為主的企業能不出走嗎？不是找死，是找活路！找國際區域經濟合作會員國平等競存的機會。

肆、FTA 的本質是啥？誰獲利？誰不利？

FTA 的本質是交換市場，趨近零關稅，擴大貨物與服務交流，你來我往互便互惠，獲利方是誰？就國界的概念是小國獲利、順差國獲利；就無國界的角度看，是雙方消費者受惠，包括廠商與人民全體，因為多元選擇、物美價廉！

FTA 不利的是政府：名目關稅減少、實務管理與麻煩增加、抗爭群類增加、社會補助款及對象增加，但是政府想要引導出口增加（甚至包括進口），把餅做大來解決所有問題，包括優化產業結構及提高競爭力等；另一個不利的是內銷產業及受衝擊企業。東協十國都做了，TPP 13 國、RCEP 16 國都要做，臺灣已經邊緣化了，能不加入嗎？

伍、TPP／RCEP 的效益在那裡？

某些統計估算模型顯示關稅約 5%，GDP 約 2% 到 4%（否則負成長），各區塊統計有幾 10 億的，合計幾百億的，臺灣能不能放棄這 5% 或幾百億元，享受「雞犬相聞，老死不相往來」的零競爭太平歲月？

郭台銘董事長說關稅 5% 不是少賺或不賺的問題，是死刑（差別是死緩），鴻海集團是「毛三到四」的企業，不進則退。其他企業能比鴻海集團好多少？

陸、誰向臺灣買單？

舉實例說明誰來為臺灣產品買單？

筆者在織染廠工作 30 年，進料是化學長纖尼龍紗或聚酯紗

（簡稱化纖絲），經織布及染整加工後，要賣成品布（簡稱化纖布）給製造廠做成品出口。在 1991 年前赴大陸投資考察時，大陸化纖布進口關稅高達 40%，1995 年後為了加入 WTO，一路降到目前 10%，而臺灣化纖布 2012 起享受 ECFA ＝ 0% 進入大陸，則臺灣比日韓別國相對「暫時」有關稅優惠，然而化纖布能外銷到大陸的績效仍然極有限，因為在紅海市場競價第一，臺灣的半成品單價仍高，只有低價的胚布外銷大陸的績效有成長。越南及柬埔寨有許多成衣廠，越南進口化纖布關稅 12% 把關，臺灣廠的化纖布賣不進去，東協十加一後，越南成衣廠繞道向大陸臺商買化纖布 0% 互惠，節省 12% 關稅。1996 年公司在廣東設廠，貿易理論說：海外投資與貿易順暢成反比，貿易障礙越高的市場越能吸引外資來設廠而替代原有的兩國遠距離貿易模式。大陸臺商廣東織染廠本來是進口化纖紗 100% 來自臺灣，並且 100% 出口他國，目前關稅降到 5%，無 ECFA 早收的優惠，這情形到 2012 年後快速改變，主因不是兩岸 ECFA，而是東協十加一成形搶單、大陸廠進口越南產的尼龍絲 0%、以及大陸內銷占比漸大。今年 2014 年，筆者統計廣東廠所需的聚酯化纖絲 95% 已不再進口（來自臺灣及東協十加一都無互惠，關稅 5%），而改在大陸境內購買，包括向臺商南亞公司的昆山廠買進，無關稅。至於大陸產的尼龍化纖絲品質仍欠佳，原先 100% 向臺灣買進（關稅 5%），2014 年改向越南的臺商臺化公司購買，總量高達 62%，東協十加一關稅 0%；現在廣東廠剩下特殊規格或品質要求較高的化纖絲才向臺灣廠以關稅 5% 進口。以上實例，說明臺灣若不與他國互簽降稅協議時，他國會改向會員國買料，替代臺灣料，臺灣廠的出口訂單急遽萎縮下，只有縮小規模或外移到用料會員國設廠。反之，若臺灣能簽 FTA 互惠，現有的臺灣廠可以不必

外移他國設廠,留在臺灣發展,因為貿易順暢可替代出國設廠投資,產業空洞化的情況或可化解,甚至重建增強。

柒、政策建議

一、TPP／RCEP 臺灣必須全力以赴,無須選擇,兼做美國與大陸雙強的平衡,二者都加入好過二者都不加入,只拿到一個比沒有好,誰接受臺灣,臺灣就加入誰。

二、政府要做大量的外交努力,包括美牛、美豬、服務業入臺等,平等互惠而不歧視任一國,包括大陸,如全國工總蔡宏明副秘書長所言,臺美的 TIFA,以及大陸以 WTO 會員國身分向臺灣年年指訴,仍禁止大陸 2,000 多種產品入臺的不公平對待等,如果臺灣惠予他國,怎能獨禁大陸呢?

三、政府要做到 90% 以上工業產品零關稅(TPP 要 95% 高標準,美韓 FTA 高達 98%)非常不易,要與臺灣各產業公會等溝通,而企業面臨外來競爭更須調適、因應、轉型及改良。據說日本經歷約 1/10 的企業不支而市場秩序重組,須漸進因應及適應。

四、政府與年輕人、受衝擊企業、弱勢產業等的溝通,無論在管道及平臺上都要多元多樣多面化。陣痛、轉型、甚至轉業,長期而言不是壞事,對總體經濟是好事,對產業體質及個別企業的競爭力有益,差別是外力。筆者 2 年前在大陸出差,夜間看央視新聞臺,有整小時專題介紹 G20 峰會情況,該節目以連續馬拉松方式一一介紹 20 國的政經處境、優勢產品、痛腳等,好像置身聯合國的大觀園。臺灣的新聞臺每小時許多臺,只有非凡新聞臺及 TVBS 的 FOCUS 有較多國際政經

訊息。政府用電視平臺溝通家庭民眾是最廣泛最直接而有意義的好事。

五、從 2014 年 3 月太陽花學運事件及泛綠友黨的大陸政策來看，憂的是論述兩極化，差距大到接近人格化及仇恨化的形式與語言；尚可喜的是，反對人士反大陸但不反國際化、全球化，對比美國溫哥華市及歐洲的反失業及反全球化現場，臺灣仍在初階段。總之，多樣大量的溝通平臺講 1,000 次，臺灣人終究是明理的，不信公理喚不回，豈容前途盡成灰！

六、政府希望企業加薪，以法令提高最低時薪與月薪的效果只在基層人士，並且相當程度不符合市場供需理論，效果有限。希望政府大膽評估取消工業用外勞，試想，那些高科技企業冷氣房裡的外勞難道臺灣勞工不能做嗎？外勞取消，基層勞工的供給不足下，工薪條件將會逐級提升，以回應市場供需機制，失業率可望同步改善。

七、釣竿遠比魚重要，分年的期程漸進及適應有必要，總體經濟學向來不贊同補助，特別是價差及現金的補貼，因為補貼的終站是外力獲利，並且遙遙無期，也因為長期弱勢沒變，補助款項只增不減，否則凱道見、選票見！

　　防衛機制的自動反映與及時處置很重要，包括臺灣產業淺碟型容量的設算、聯合壟斷、低價操弄、數量傾銷、商品標示（原產地及成分比）、食檢安檢、叫停、仲裁、商標專利仿冒等，展開全面防衛。請注意，總量設限比反傾銷有效，一來適用小國，二來傾銷調查半年緩不濟急，其三懲罰性關稅是針對異國特定企業某甲乙丙丁，非指產業，則甲乙丙丁被點名高關稅後，只要轉手給某戊己庚辛即可，照樣以互惠低關稅「清兵入關」。

陸 服務業

加入 TPP ／ RCEP 對臺灣服務業的影響及其因應

靖心慈
中華經濟研究院 WTO 及 RTA 中心副研究員

壹、前言

跨太平洋夥伴協定（The Trans-Pacific Partnership, TPP）[1]與區域全面經濟夥伴關係（Regional Comprehensive Economic Partnership, RCEP）[2]的發展係 2012 年以來亞太區域經濟整合的兩大重要議題，其一是美國為首在亞太地區所推動之高標準和涵蓋範圍廣泛的經濟整合；另一是東協（The Association of Southeast Asian Nations, ASEAN）為中心透過亞太地區其已洽簽自由貿易協定國家所推動之經濟整合。從 2013 年以來，徐遵慈、杜巧霞、葉長城和靖心慈針對 TPP 與 RCEP 區域整合議題，就不同角度進行研究（杜巧霞、葉長城，2013a，2013b；徐遵慈、靖

---

[1] TPP 目前 12 位成員為美國、加拿大、墨西哥、智利、祕魯、澳大利亞、紐西蘭、馬來西亞、新加坡、日本、汶萊、越南。
[2] RCEP 目前 16 位成員為東協十國（新加坡、泰國、馬來西亞、印尼、菲律賓、汶萊、越南、柬埔寨、寮國、緬甸）、中國大陸、日本、韓國、澳洲、紐西蘭、印度。

心慈,2013;靖心慈,2013,2014a,2014b,2014c;靖心慈、侯真真,2013)臺灣想要加入TPP／RCEP必須經過特別的運作及努力,不過這並非本文所要討論方向。本文重點是論述臺灣與TPP／RCEP成員之貿易及投資現況,反應出在不能加入情況下必然不利臺灣吸引外資,也限制了服務業之發展。因此,從TPP／RCEP成員在雙邊和多邊談判開放情形,論述臺灣應該做出的結構性和制度性因應措施,以及臺灣的努力方向。

臺灣與TPP成員國之貿易往來,在2013年出口976.5億美元占我總出口之比重為32.0%,進口1,005億美元占我總進口之比重為37.2%。臺灣與RCEP成員國之貿易往來,在2013年出口1,796.1億美元占我總出口之比重為58.8%,進口1,455.2億美元占我總進口之比重為53.9%;不含中國大陸之出進口比重分別降為32%和33.7%。結合TPP和RCEP成員國2013年出口2,170.5億美元占我總出口之比重為71.1%,進口1,748.6億美元占我總進口之比重為64.8%。臺灣與TPP和RCEP成員國之投資往來,2007年至2013年累計核准對外投資占我總對外投資之比重為17%和85.9%,核准來臺投資占我總來臺投資之比重為25.8%和18%,[3] 可見TPP和RCEP成員國對臺灣貿易與投資往來之重要性。

貳、服務貿易議題談判範圍

在兩大亞太區域整合之服務業談判進展方面,服務貿易談判設定範圍如下,TPP服務貿易可能採取高標準的市場開放,另外可能涵蓋的服務貿易自由化包括:一、原則性規定,如非歧視原

---

[3] RCEP不含中國大陸之核准對外投資占我總對外投資之比重為15.9%,核准來臺投資占我總來臺投資之比重為16.2%。

則、國民待遇原則與最惠國待遇原則等；二、市場進入部分，不限制服務提供者數量、不得限制服務交易或資產總值、不得限制僱員人數、不得限制特定法人或合資企業提供服務；三、禁止要求服務提供者於締約一方設立營運據點；四、相互承認服務提供者的專業資格認可；五、政府監管法規適用與發展的透明化；六、許可規範內服務業別的資金支付與外匯移轉。TPP 涉及服務貿易之重要談判議題，主要有跨境服務貿易、電子商務、環境、金融、電信和商務人士暫准進入 6 項。

　　RCEP 將會是全面性、高品質、和大幅削減限制和歧視性措施的協定；對於服務貿易規則和義務方面，將與「服務貿易總協定」的原則一致，並根據 RCEP 成員國在「服務貿易總協定」和「東協加一」自由貿易協定之下所做的承諾為基礎，直接邁向自由化承諾之達成。至於所有服務部門和供應模式都將納入到談判考量之中。市場開放目標是：一、必須超越現有東協加一區域貿易協定開放內容，二、必須對所有其他 RCEP 成員提供單一開放清單。

參、TPP 和 RCEP 在 WTO 的服務業平均開放承諾程度

　　TPP 和 RCEP 成員國在 WTO 承諾之服務業平均開放程度，[4] 含入會承諾和尚未兌現的杜哈回合談判承諾。整體而言，東協 RCEP 服務業平均開放承諾程度為 28.8%，TPP 服務業平均開放承諾程度為 32.9%，請見表 1。

---

[4] 計算各國的平均開放程度，採用 Hoekman（1995）依據各國的「服務貿易總協定」（General Agreement on Trade in Services, GATS）承諾表，將 155 項服務子行業活動，搭配 4 種供應模式，總共 620 個欄位，當一國對某個欄位作出的承諾是完全沒有限制，就設定數值為 1；若為完全限制，就設定數值為 0；若為部分限制，就設定數值為 0.5，如此就可以計算出每一個國家所承諾之平均開放程度。

表 1　臺灣、TPP 和 RCEP 服務業在 WTO 平均開放承諾程度　　（單位 %）

		臺灣	TPP 平均值	RCEP 平均值
商業服務	商業服務	68.3	47.7	36.4
	專業服務	45.5	46.8	39.9
	電腦及其相關服務	100.0	74.2	66.9
	研究與發展服務	100.0	28.6	21.3
	不動產服務	25.0	45.8	25.8
	未附操作員之租賃	60.0	48.8	33.1
	其他商業服務	79.2	41.7	31.6
通訊服務	通訊服務	39.9	30.4	26.4
	郵政服務	0.0	18.1	7.3
	快遞服務	50.0	30.9	30.3
	電信服務	91.1	66.7	58.6
	視聽服務	58.3	25.7	19.9
營造及相關工程服務	營造及相關工程服務	66.7	53.6	53.8
配銷服務	配銷服務	80.0	40.9	33.7
	經紀商服務	100.0	55.2	47.9
	批發交易服務	100.0	47.6	34.5
	零售服務	100.0	48.5	31.4
	特許權授予	100.0	41.0	40.6
教育服務	教育服務	60.0	26.7	29.6
	初等教育服務	0.0	16.0	13.5
	中等教育服務	50.0	27.4	26.0
	高等教育服務	83.3	36.1	42.7
	成人教育服務	83.3	18.8	30.7
	其他教育服務	83.3	35.4	34.9
環境服務	環境服務	62.5	41.2	39.3
	污水處理服務	66.7	42.9	39.3
	廢棄物處理服務	66.7	38.7	40.0
	衛生和類似服務	66.7	45.8	40.1
	其他	50.0	37.3	37.9
金融服務	金融服務	40.3	32.6	30.5
	保險	75.0	43.7	43.5

表1 臺灣、TPP 和 RCEP 服務業在 WTO 平均開放承諾程度（續）

		臺灣	TPP 平均值	RCEP 平均值
	銀行和保險以外的其他金融	45.8	40.1	39.6
健康及社會服務	健康及社會服務	54.2	9.8	7.3
	醫院服務	83.3	22.9	22.0
	其他人類衛生服務活動	83.3	12.5	6.3
	社會服務	0.0	1.4	1.0
觀光旅遊服務	觀光旅遊服務	50.0	50.6	46.6
	旅館與餐館	50.0	62.5	56.6
	旅行社及旅遊服務	100.0	74.3	76.3
	導遊服務	50.0	48.6	43.0
休閒文化及運動服務	休閒文化及運動服務	30.0	25.9	12.5
	娛樂服務	0.0	28.1	19.7
	體育和其他娛樂服務	50.0	29.2	19.7
運輸服務	運輸服務	21.7	16.9	15.7
	海運	33.3	20.9	25.5
	空運	23.3	16.5	15.5
	鐵運	46.7	24.2	21.5
	路運	33.3	21.1	22.2
	管線運輸	0.0	25.0	20.6
	各類運輸之輔助性服務業	58.3	32.1	25.9
	其他運輸服務	0.0	4.2	6.3
其他服務	其他服務	0.0	18.1	13.3
全體		47.8	32.9	28.8

資料來源：本研究整理。

在東協十國服務業平均開放承諾程度介於 4% 至 40%，幅度差距很大。新加坡、泰國、馬來西亞、印尼、菲律賓、汶萊、越南、柬埔寨、寮國、緬甸 10 國，分別在 WTO 承諾之服務業平均開放程度為 33.2%、27.1%、20.4%、16.7%、18.7%、8.1%、27.1%、39.3%、22.7%、4.0%。越南、柬埔寨、寮國是較晚加入 WTO 之國家，其開放承諾程度相對呈現較高。

東協 RCEP 6 個夥伴國服務業平均開放程度介於 28% 至 50%，日本、澳洲和紐西蘭開放幅度較中國大陸、韓國和印度高出許多。中國大陸、日本、韓國、澳洲、紐西蘭、印度 6 個 RCEP 夥伴國分別在 WTO 承諾之服務業平均開放程度為 37.5%、46.2%、33.2%、47.5%、49.7%、28.9%。

TPP 成員國除了上述新加坡、馬來西亞、越南、汶萊、日本、澳洲、紐西蘭 7 國之外，美國、加拿大、墨西哥、智利、秘魯[5] 已分別在 WTO 承諾之服務業平均開放程度為 53.9%、39.9%、43.7%、47.5%、11.8%、6.4%，其開放承諾程度差距很大。

肆、TPP 和 RCEP 在自由貿易協定之服務業開放方向

從目前 RECP 成員國在 WTO 杜哈回合談判或「東協加一」自由貿易協定之承諾來看，商業服務中開放最多的是電腦及其相關服務、都市規劃及景觀建築服務、人力仲介及供給服務；通訊服務中開放最多的是電信服務；營造及相關工程服務中開放最多的是土木工程的一般建築工作、安裝和組裝工作；配銷服務中開放最多的是經紀商服務、批發交易服務；教育服務中開放最多的是高等教育服務、成人教育、其他教育服務；環境服務中開放最多的是其他環境服務、廢棄物處理服務、衛生和類似服務；金融服務中開放最多的是保險及相關保險服務；健康及社會服務中開放最多的是醫院服務、社會服務；觀光旅遊服務中開放最多的是旅館與餐館；休閒文化及運動服務中開放最多的是娛樂服務；運輸服務中開放最多的是海運服務、空運服務。

---

[5] 此處的數據是根據初始回應清單計算得之，秘魯在杜哈回合修正回應清單中做出大幅度開放。

從目前 TPP 成員國在 WTO 杜哈回合談判之承諾來看，商業服務中開放最多的是管理顧問、電腦及其相關服務、建築工程、綜合工程、都市規劃及景觀建築、會計、廣告、攝影服務服務；通訊服務中開放最多的是電信和快遞服務；營造及相關工程服務中開放最多的是建築物的一般建築工作、其他營造及相關工程；配銷服務中開放最多的是經紀商服務、批發零售交易服務；教育服務中開放最多的是高等教育服務、其他教育服務；環境服務中開放最多的是衛生和類似服務、污水處理服務；金融服務中開放最多的是保險及相關保險、銀行服務；健康及社會服務中開放最多的是醫院服務、其他人類衛生服務活動；觀光旅遊服務中開放最多的是旅行社及旅遊服務、旅館與餐館、導遊服務；休閒文化及運動服務中開放最多的是通訊社、體育和其他娛樂服務；運輸服務中開放最多的是各類運輸之輔助性服務、鐵運、海運、路運、管線運輸、空運服務。在自由貿易協定方面，服務業大多採取負面表列方式做出更多的開放承諾。

　　TPP 成員國和 RCEP 成員國在 WTO 杜哈回合談判之承諾相比較，RCEP 只有在營造及相關工程、高等教育、成人教育、廢棄物處理、旅行社及旅遊、海運、路運、其他運輸服務等項目上略高於 TPP 在 WTO 的平均開放承諾程度，其餘均不如 TPP 承諾程度，見表 1。TPP 成員國在自由貿易協定中所做之承諾，也相對比 RCEP 成員國更多。

伍、參加亞太區域兩大經濟整合對臺灣服務業的影響及因應方式

　　臺灣長期以來未能與主要貿易對手國洽簽自由貿易協議，結果是臺灣企業、資金和人才都出現外流現象。2007 至 2013 年直

接投資流出金額是流入金額的 2.4 倍，其中製造業是 4 倍，服務業是 1.4 倍。臺灣直接投資流出和流入大都集中在金融、批發及零售、電子零組件製造業、電腦－電子產品及光學製品製造業 4 項，並無法帶動國內更全面有利就業的投資建設。

反觀，鄰近國家近年來因為經濟成長較快或經濟規模較大，加上積極洽簽自由貿易協定，使得臺灣相對投資環境吸引外資流入條件較差。亞太區域兩大經濟整合若是完成，將使得臺灣的相對情況更為惡化。臺灣不具備優異天然資源和市場廣度，非常仰賴加入國際市場而做大產業規模。過去 20 年，在新興國家興起吸引國際資金和大量出口有形商品的競爭下，臺灣面臨必須轉型的壓力，TPP 和 RCEP 的快速進展對臺灣構成更大的壓力。香港和新加坡在此之前早已轉型朝向服務業和橋接國際需求的平臺方向發展，而且已經獲得相當的成果。

次級房貸金融危機 2008 年爆發以來，美國和歐洲國家的內部需求減少，連帶影響亞太地區國家的出口。迫使部分國家開始更重視生產性服務業的發展，或以推動國內需求的增加，來維護其經濟及就業成長和國內政治及民心之穩定，但是負作用就是生產成本上升。於是，生產大國開始朝利用機器人生產的方向發展，目的是為了因應國際運輸、投資目的地勞工和土地等成本的上升，或是國家政策轉型朝高附加價值製造業和服務業發展。

在上述情況下，我們認為因應國際區域經濟整合發展趨勢，臺灣必須更積極的參與加入，否則無法有效大幅度的改善國內投資環境，以及無法有效連結國內服務業與海外臺商之間的合作，不利國內經濟發展和就業成長。然而，參加 TPP 和 RCEP 對臺灣的直接影響，就是各行各業都要做出更大幅度的市場開放。這對臺灣大量的中小企業而言，心中的恐慌是不言可喻的。

所以，以下提供幾個未來因應之方向供大家思考。第一國內政黨應該透過各種管道就加入 TPP 和 RCEP 議題達成共識，高調對外宣布使國際社會清楚瞭解臺灣之政策立場，進而創造對我有利之國際氛圍。第二就加入 TPP 和 RCEP 議題邀請國內具聲譽人士，共同拿定推動方向。第三是整合政府負責單位與公協會合作，共同調查研究並納入各方之意見。第四是執政團隊確實將獲得多數人支持的項目納入施政方針和編列預算落實。第五是政府優先進行亞太市場調查研究，持續聽取業者的需求再調查研究，建立資訊平台和收費機制供臺灣業者使用。第六是針對臺灣服務行業中，競爭能力較弱無法適應服務貿易自由化開放腳步的業者，規劃因應自由化的配套措施，在策略上對於內需型、競爭力較弱、易受貿易自由化影響之產業應加強輔導；對於尚無顯著受損之產業及勞工，但有受損害之虞者，協助其調整體質。第七是政府於短期因應措施方面，應在國內適當法規中，建立相對應的法律規範及管理項目，並確實推動落實，使國內企業和民眾對於市場洞開的擔憂能夠獲得舒解，降低國內各界因立場不同而產生的嚴重對立。第八是對於專業人士之工作權保障，政府應更多面向支持公協會結合政府考證單位、學會、學生團體、專業團體，共同建立在國內執業的相關制度和資格要求，並明文規定相關企業必須加入公協會。第九是政府應該出力結合政府對外援助資金、海外臺商和國內的相關業者，共創多贏局面。第十是政府應該與國內企業合作調查研究來臺外國人在臺消費情況，挑選明星企業給予大力獎勵支持和協助其擴大規模之所需，以利其未來邁向國際市場。第十一是政府須要瞭解臺灣在亞太市場之定位，明確訂定可動態調整的產業目標，公務人員考評績效納入對企業之協助。第十二是臺灣加入 TPP 和 RCEP 使國內企業必須轉型升

級,政府在既定產業目標之下,應該授權公務人員多給予企業試點之優惠,多協助解決企業發展所面臨之問題,減少透過嚴罰來干預和解決問題,因為只有培育具競爭力和財力的企業,才具備向外發展之機會。

參考文獻

杜巧霞、葉長城(2013a)。〈TPP 與 RCEP 區域整合對臺灣之影響與因應(上)〉,《臺灣 WTO 及 RTA 中心電子報》,350:2-10。取自 http://web.wtocenter.org.tw/file/newsletter/702/702.pdf

――(2013b)。〈TPP 與 RCEP 區域整合對臺灣之影響與因應(下)〉,《臺灣 WTO 及 RTA 中心電子報》,351:3-10。取自 http://web.wtocenter.org.tw/file/newsletter/700/700.pdf

徐遵慈、靖心慈(2013)。〈東協架構下經貿協定之發展及其對我國之影響與我國因應策略〉,經濟部,臺灣,臺北。

靖心慈(2013)。《RCEP 服務業開放趨勢與策略之研究》。財團法人商業發展研究院內部即時研究報告。臺灣,臺北:財團法人商業發展研究院。

――(2014a)。〈RCEP 成員國服務業現有開放承諾之分析〉,《臺灣 WTO 及 RTA 中心電子報》,399。取自 http://192.83.168.166/Page.aspx?nid=126&pid=245875

――(2014b)。〈迎戰服貿衝擊 營造業因應之道〉,《營建知訊》,376:45-51。

――(2014c)。〈區域全面經濟夥伴關係(RCEP)服務業之開放趨勢〉,《經濟前瞻》,152:82-87。

靖心慈、侯真真(2013)。〈以建築服務為例看專業服務業之市場開放和因應方式〉,《國際經濟情勢雙週報》,1794:5-17。

陸、服務業

回應

朱浩
商業發展研究院商業發展與政策研究所副所長

　　本篇文章結構完整，且提供了相當完整的開放程度資料，包含臺灣、TPP 各成員國及 RCEP 各成員國的開放程度數據，以及臺灣、TPP 及 RCEP 各項服務業的開放程度數據。另外，亦針對臺灣加入 TPP 及 RCEP，提供了多達 11 項的因應措施。如此，在臺灣預備加入 TPP 及 RCEP 之際，不僅提供政府及相關產業可能影響分析，更提出未來大方向之因應辦法。以下針對本文提供幾點意見：

壹、加入 TPP 或 RCEP 市場開放程度應不如想像中的大：臺灣服務業平均開放程度高於 TPP 和 RCEP 服務業平均開放程度

一、國家層面

　　文中利用 Hoekman（1995）估算各國平均開放程度，得出「東協 RCEP 服務業平均開放承諾程度為 28.8%，TPP 服務業平均開放承諾程度為 32.9%」，表 1 則指出臺灣服務業平均開放承

諾程度為 47.8%，由以上可知，臺灣服務業平均開放程度，已高於 TPP 和 RCEP 服務業平均開放程度。

就各國家服務業平均開放程度而言，臺灣服務業的平均開放程度幾乎高於 TPP 和 RCEP 的各成員國；RCEP 國家成員國服務業的平均開放程度雖介於 28%～50% 之間，然只有紐西蘭（49.7%）的開放程度高於臺灣，TPP 成員國中亦只有美國的 53.9% 高於臺灣。

二、產業層面

由表 1 可知，臺灣各項服務業的開放程度亦高於 TPP 以及 RCEP 的開放程度，其中僅不動產服務、郵政服務、初等教育服務、社會服務、旅館與餐館、娛樂服務、管線運輸、其他運輸服務及其他服務等項低於 TPP 及 RCEP 的開放程度。若就 RCEP 以及 TPP 之談判承諾開放較高的服務產業來看，RCEP 僅社會服務開放程度高於臺灣，而 TPP 亦僅有旅館與餐館與管線運輸開放程度高於臺灣。

由以上可知，相較 TPP 和 RCEP 各成員國而言，臺灣市場開放程度相對高，因而，在面對洽簽 TPP 和 RCEP 的情況下，市場開放程度應不會造成臺灣服務產業太大壓力。

貳、在爭取加入 TPP 或 RCEP 之前臺灣社會必須認真看待經貿自由化

雖然臺灣在 2002 年加入 WTO，雖然臺灣在 2013 年以前也和 5 個中美洲友邦國家簽署 4 項雙邊 FTA，但是臺灣社會對於經貿自由化並沒有清楚的認識，這在此次簽署服務貿易協議後對社

會造成的疑慮與討論可以充分的顯示出。經貿自由化與市場開放是相對的，不能僅要求國際對臺灣開放，而不容許自己市場對國際開放。但臺灣社會與相關產業者對此認識不深。所以，當詢問業者是否希望藉由自由貿易協議開拓國際市場時，業者多表示贊成；但若詢問業者是否贊成本地市場對國際開放，則多數的業者就會表示反對，這樣弔詭的現象正反應出臺灣社會與業者對於貿易自由化欠缺正確的認識。

　　對貿易自由化欠缺正確的認識與體認，不僅是社會與部分的業者，其實對於部分政府單位，感覺上似乎也沒有做好準備。之前臺灣加入 WTO 時，考量可能對相關產業造成衝擊，因此設立如新臺幣 300 億的「農產品受進口損害救助基金」、「貿易救濟防火牆機制」與「貿易救濟個別產業預警系統」等協助產業，而此次服貿協議簽署，目前所提出的「因應貿易自由化產業調整支援方案」982.1 億元與配套措施，經過內容分析，982.1 億元多是目前原本規劃的預算，並無額外、另外撥出的經費。從此觀之，政府相關單位對於服貿市場開放所可能造成的產業衝擊，似乎並沒有妥善的輔導策略與因應措施，仍有持續改進的空間，這也是社會有部分人士反對、質疑本次服貿協議的原因。後續政府在針對爭取加入 TPP 或 RCEP 時，針對市場開放可能產生的產業影響與衝擊進行分析與觀測、對於可能受影響的產業給予輔導與協助，並對可能受損的產業給予救濟、是否也積極做好產業輔導資源的準備，也會是社會未來注意的焦點。

參、如何輔導因市場開放而受衝擊產業是市場開放後續必須持續關注的重點

臺灣各項服務產業，雖僅不動產服務、郵政服務、初等教育服務、社會服務、旅館與餐館、娛樂服務、管線運輸、其他運輸服務及其他服務等項低於 TPP 及 RCEP 的開放程度。然一旦確定加入，此類產業一定會受到衝擊，尤其 TPP 採「負向表列」方式做出開放承諾，如此，將使各成員國做出更多的開放承諾。TPP 協定在服務貿易市場開放部分，未來將採「負面表列」方式進行，開放程度大；臺灣服務業雖然在加入 WTO 時已大幅開放，但仍有如上述產業為外國期待可以進一步開放的項目。因此，如何輔導臺灣此類產業面臨此一衝擊，將是政府相對重要的課題。

肆、妥善因應法規調整與制度接軌問題

各國發展的經驗，經濟活力是來自於市場競爭的動能，經濟廣度則取決於法制的寬度。因此，未來一國境內法規能否自我調適與國際充分接軌？「內部調整」與「外部整合」是否能展開充分的協同與互動？將決定該國經貿在國際舞臺上的實力與地位。

以 TPP 來說，除了強調市場開放外，也強調法規調整與制度接軌。重要項目包括金融電信法規之改進、公營事業之規範與改革、郵政保險之適用範圍、電子商務法規、資訊流及人才流的自由移動、政府採購制度的進一步開放等等。其他像是程序透明化的義務（如法律、法規預告期至少 40 天、行政指導書面化等）、金融法規簡化、檢驗檢疫按國際標準、導入法規影響評估等，原則上都是在生效時就需要立即到位，很少彈性空間。政府皆須提早規劃與因應。

伍、積極落實政府與產業界間之有效溝通

　　由簽署服貿經驗可知，政府的溝通和宣導工作對公眾及業界來說近乎完全失敗，導致「黑箱服貿」的說法自然不脛而走。因此，在簽署 TPP 與 RCEP 之前，如何有效地進行各產業的協調和說明，儼然成為執政者不能忽視的議題。

　　由於臺灣內需市場小、國際化程度不足，所以對服務業發展有一定的侷限，臺灣加入 TPP 和 RCEP 對服務業進一步發展與轉型是一個契機，可以想見其影響勢必深遠。不論是產業輔導與法規都必須進行大幅調整，才可能讓產業與社會衝擊降至最小，這是目前政府就必須面對的重要課題，而非加入時才要面對的問題，否則整個社會產生巨大的反彈聲浪時，反倒又曲解原先要加入 TPP 或 RCEP 的良善美意了。

陸、服務業

回應

譚耀南
國際通商法律事務所執行顧問

　　臺灣加入 TPP 和 RCEP 的問題要從以下幾個面向來思考。首先，臺灣社會為什麼認為參與這些區域經濟整合是重要的？是為了不被國際社會邊緣化（國際地位）、在中美兩大強權間取得平衡（戰略因素）、還是對貿易自由化和全球化的具體實踐？政府在與公民社會對話的過程中，有沒有把國家的政治經濟方針、戰略目標和具體戰術說明清楚？若僅止於強調 TPP 和 RCEP 的成員國與臺灣投資貿易往來的高占比，來說明若被排除在外會被邊緣化，而不去討論國家戰略因素，並反思自由化和全球化對小國利弊得失，恐怕會進退失據。要知道畫一塊加入國際社會的大餅爭取民意容易，當人民清楚代價是不計一切全球化時，在這個長期處在大政府和貿易保護主義氛圍的土壤，所遇到的挑戰可想而知。

壹、TPP 和 RCEP 的政治性格

　　其次，我們分別談談 RCEP 和 TPP。RCEP 由中國大陸主導，

和以美國為首的 TPP 有很強烈的競合關係。小國的大戰略必然是兩邊都加入，汶萊和越南即是如此。臺灣照說也應比照辦理，但兩岸關係的複雜性改變一切。中國大陸主宰了臺灣是否可以加入 RCEP，但試想若 RCEP 全體成員邀請臺灣加入，後太陽花時期的臺灣社會對中國大陸服務業在 RCEP 下的全面開放胃口如何？答案非常清楚。再就 TPP 來說，美國目前把焦點放在和日本的談判上，而 12 個會員國完成談判的時程表也確定延後；臺灣不是不可能加入，但現階段不是美方的優先議題，其如何處理與中國大陸的關係無疑是重點，而日前中國大陸宣布也考慮申請加入 TPP，使臺灣的議題更形困難、卻不具急迫性。

貳、臺灣的貿易自由化？

就算上述的障礙都排除了，姑且不論中國大陸因素，臺灣是否準備好進入一個貿易全面自由化的時代？在很多焦點放在跨境服務貿易、電子商務、金融、電信等服務業貿易重要議題的同時，技術性貿易障礙（Technical Barriers to Trade, TBT）的排除，一直是區域多邊或雙邊貿易協議的重要課題。舉例而言，國營企業是否在法令或實務上受到比包括外資在內的民營企業更多的保護，以致取得不正當競爭優勢？環境保護和勞動條件的制訂及遵循是否符合對其他會員國的承諾？政府採購招標是否對外國服務提供者課予限制？監管法規及執行是否透明化，並採行一致的標準？資金匯出、匯入和外匯是否受到過當管制？也就是說，多邊區域貿易協議除了「基本款」的貨物貿易開放進出口、降低關稅，以及服務貿易的市場准入外，對 TBT 在法規面和執行面的排除是最重要的部分。法令規範當然可以透過修改法律及行政命令來調整，差距分析（gap analysis）也應盡速完成作為評估修法的

依據，但我們政府的心態準備好了嗎？一旦法令修訂符合上述標準，我們的政府，從政務官到基層公務員，能夠全面執行一個沒有 TBT 的法規架構嗎？

參、戰術考量

最後，考量戰術層面：如果 RCEP 的中國大陸因素使加入 TPP 的可能性較 RCEP 略高，我們接下來的步驟是什麼。第一、不能成為國際間的麻煩製造者：小國不是不能在大國之間以小搏大，透過創造可控制的議題取得利益（或排除不利益），但若超出可控範圍則代價慘重。第二、加速與美國進行貿易暨投資架構協定（Trade and Investment Framework Agreement, TIFA）的討論：目前 TIFA 談判才剛啟動，是否在談判過程中我方得以大幅開放，展現貿易自由化和加入 TPP 的決心；這其中包括了是否考慮將民營化、政府採購流程納入承諾，以及對美豬在內的部分農產品大幅讓步。這些議題在國內具有高度的爭議與話題性，也勢必引起朝野民間辯論，但這未嘗不是馬政府就貿易自由化與公民社會對話的契機。與其留待 TPP／RCEP 時討論這些議題，不如在與美國議定 TIFA 時提前形成共識。第三、開始啟動與美國的雙邊投資協議（Bilateral Trade Agreement, BIA）諮商：BIA 的洽談，以及國內大型企業對美國的投資及採購，對美國立法及相關行政機關支持臺灣成為 TPP 的成員一事，具有不可低估的推進力。

加入 TPP／RCEP 對臺灣農業的影響及其因應[*]

孫智麗
台灣經濟研究院生物科技產業研究中心主任兼研究員

周孟嫻
台灣經濟研究院生物科技產業研究中心副組長

壹、前言

　　由於部分 WTO 貿易自由化議題談判停滯，近年各國加快區域經貿整合的腳步，簽署各式經貿協定。在區域經濟整合的趨勢下，為確保我經濟成長，與主要貿易夥伴洽簽自由貿易協定（Free Trade Agreement, FTA）或是爭取加入「跨太平洋戰略經濟夥伴關係協定」（The Trans-Pacific Partnership, TPP）及「區域全面經濟夥伴關係」（Regional Comprehensive Economic Partnership, RCEP）以為必要方向之一。在面臨經濟國際化貿易自由化的潮

---

[*] 本文主要依據臺灣經濟研究院生物科技產業研究中心 2013 年執行《農業因應自由化及所得支持政策決策支援之研究》行政院農業委員會委辦科技計劃，與 2014 年執行《具提升自給潛力農產品之經濟效益與擴大消費之研究》行政院農業委員會委辦科技計劃之相關研究成果。

流下,臺灣農業將由於市場開放自由競爭,面對更大的衝擊與挑戰(Bush & Meltzer, 2014)。以下本文將分析臺灣農業所遭遇之內外部環境與困境以及自由化後可能之影響,進而提出可能的因應對策。

貳、臺灣農業外部環境分析與加入 TPP／RCEP 之可能影響

一、區域經濟整合與自由化趨勢

儘管 WTO 新回合談判一再延宕,但國際間對農業補貼規範採取更嚴格認定,以及開放農產品貿易自由化,可能已為大勢所趨。此外,由於自由貿易協定參與者相對少、議題容許較多且深、以及較具時效性,往往涉及所有產品全面性的市場開放,要求短期內大幅調降關稅,甚至廢除關稅,農業部門亦不例外,而可能產生臺灣農業生產量值減少、農民收入損失、農產品進口量值增加等衝擊。

然而,自由貿易協定談判中仍可爭取少數農產品為敏感性產品,豁免於自由貿易協定之外,或延緩開放時間。例如,韓國與多國簽訂 FTA,儘管美國曾強烈要求韓國開放稻米市場,但在韓國堅持稻米為敏感性產品下,稻米均被排除在自由貿易協定外。

在自由化趨勢下,臺灣農產品市場將逐步開放,必須預先研擬妥適之因應對策,儘早做好充分準備(孫智麗,2013c)。配合未來臺灣加入區域經濟整合的腳步,臺灣農業補貼方案未來勢必要進行調整以符合國際規範,並需具有結構調整之功效,以化危機為轉機,提升臺灣農業競爭力。

二、糧食危機與糧食安全

由於極端氣象發生的頻率與強度增加,以及氣候暖化使得各種病蟲害滋生,導致世界糧食供應不穩。再加上世界人口增長、新興國家經濟發展、糧食作物轉作生質能源發展等因素,導致世界糧食價格上漲與波動風險增大,糧食安全議題備受重視。

臺灣 2012 年以熱量計糧食自給率為 32.66%。臺灣天然資源稀少,農業資源不足,土地利用型農業生產成本較高,因此,除稻米以外,小麥、硬質玉米及大豆等主要穀物及畜牧業用飼料穀物大多仰賴進口,而可能無法確實掌握糧食價格、貿易數量與進口來源。

臺灣農業市場將來更進一步開放後,國產農產品將更加面臨進口農產品之競爭,而可能被取代,不利於臺灣糧食安全與糧食自給率之維護。糧食安全屬國安議題,臺灣農業政策制訂時必須將糧食安全議題納入考量,令國內糧食供應無缺、價格穩定,以減少所可能的衝擊。

三、農業多功能性與永續發展

農業不僅創造經濟價值,在糧食安全、生態環境、景觀維護、文化傳承、社會安定及國土保安等方面,均有無可取代的多功能價值。換言之,農業對於社會的貢獻與所扮演的角色,已從糧食生產進一步擴展到生態環境與生活文化等層面。然而,上述農業正向外部效益為全民共享之公共財,農民可能因無法直接獲得相對應之報酬,而放棄農業生產,並導致農業多功能性無法維持。

在全球貿易自由化的趨勢下,國產農產品將面臨進口農產品更大的競爭,臺灣農業生產在未來勢必會遭遇更嚴峻的考驗,如

何讓農民所得穩定，繼續維持農業生產，以安定的提供國人安全且安心的農產品，並確保農業得以永續發展，亦為臺灣農業政策所需努力之方向。

參、臺灣內部環境分析與加入 TPP／RCEP 之可能影響

一、農業結構尚待調整

臺灣農戶平均耕地面積僅約 1.1 公頃，由於經營規模偏小，農場經營無法達規模經濟，不僅農業所得有限，農民往往必須另謀其他收入來源，導致農業兼業情況普遍，亦不利農業規模化或企業化經營之發展，而對臺灣農業發展有負面影響。

臺灣農民平均年齡約為 63 歲，農業勞動力高齡化問題嚴重，而高齡農民可能因無力從事農業生產，致使農業部門生產力遞減或農業經營日趨粗放，甚至農地閒置與荒廢問題。儘管農業勞動力需引進青年農民，進行農業勞動力世代交替，然而，對農業有理想抱負之青年卻可能因缺乏土地、技術、資金，而不一定有辦法投入農業生產，應設法引入相關培育與輔導措施。

臺灣農業兼業化問題嚴重，全國 78 萬家農牧戶中，專業農戶僅 19 萬戶，主力農家共 15 萬戶，其中經常從農主力農家約 11 萬戶。[1] 由於兼業農戶易將農業視為一種副業，而較不會對農業生產投入太多資本與勞力，負面影響農業生產效率。

---

[1] 專業農戶指農家中之全部人口均依賴農業收入生活，而無人專辦或兼辦其他行業；主力農家指全年農牧業收入 20 萬元以上且戶內有 65 歲以下從農者；經常從農主力農家指戶內有 65 歲以下從農者，且其全年從事農牧業工作日數在 90 日以上。

綜合言之，農業經營規模偏小、農業勞動力高齡化與農業兼業化等均導致臺灣農業經營效率較低，國際競爭力相對較弱，不利於未來進一步自由化之準備，而亟需進一步結構調整。

二、農業所得依存度低且不均

臺灣以兼業農為主，故臺灣農家所得之主要來源為農業外所得，在過去 30 年間農業外所得占農家所得比例逾七成，顯示臺灣多數農家的農業依存度相當低。

另一方面，經常從農主力農家全年收入達 169.7 萬元，其中農牧業收入達 147.7 萬元，農業所得占經常從農主力農家所得比例近九成。然而，各農業經營種類間具有所得不均情形，例如菇農平均每戶可收益 326.7 萬元，花農 144.1 萬元，遠高於稻農僅 40.9 萬元之收益。

換言之，臺灣為數眾多的兼業農戶對農業依存度不高，而很可能因為所得不足而放棄農業生產，任憑農地荒廢，影響臺灣糧食安全。主力農家間具有所得不均之情形，尤其稻農所得相對低落。考量到稻米不僅在臺灣經濟發展歷程中有重大貢獻，且為臺灣重要糧食作物，而稻米市場開放議題更是國際經貿談判重點爭議項目，故應考慮推動稻農所得穩定措施，以確保臺灣農業生產。

三、不合時宜之農業補貼政策

臺灣各種補貼及保護措施、稻米保價收購、休耕補貼等不合時宜的農業補貼，短期間固然有穩定農產品價格及提高農民所得之效果，但長期間卻往往導致農民缺乏成本與風險概念，缺乏提升經營效率的誘因，扭曲市場機制，反而導致農業缺乏競爭力，亟需進一步改革。

此外,未來在自由化趨勢下,臺灣各種補貼及保護措施可能面臨必須取消,應及早因應此趨勢,提出相應的配套措施。唯有令臺灣農業政策轉向為農民建立所得穩定的環境,讓農業生產回歸市場機制,建立生產高品質農產品之誘因,才能有效達成產業升級之目標,因應未來農業自由化之挑戰。

肆、自由化趨勢下臺灣農業之因應策略

農產品貿易自由化議題,為自由貿易協定各方實質談判重點之一。然而,臺灣農業結構具有農業經營規模偏小、農業勞動力高齡化與農業兼業化等三大特徵;又多數兼業農家對農業依存度不高,且主力農家間具有所得不均之情形;而不合時宜之農業補貼政策不僅干預市場機制,更對臺灣農業國際競爭力有負面影響。自由化趨勢下,臺灣現階段各種補貼及保護措施可能面臨必須取消,並加劇農業競爭,而可能產生臺灣農業生產量值減少、農民收入損失、農產品進口量值增加等衝擊,並進而影響臺灣糧食安全與農業多功能性與永續發展之為維護。因此,農產品部門須未雨綢繆,思考與擬定協助農業部門轉型及升級的配套政策(孫智麗,2013a)。

一、因應農業自由化之生產面策略

(一)確保農地農用與擴大糧食生產

面對自由化趨勢,應確保臺灣糧食安全,除了積極保護臺灣優良農地,並鼓勵休耕地復耕,以確保甚至擴大糧食生產。除了避免農地進一步流失,並確保農地農用外,更可進一步的推動農地儲備制度。相關農業補貼或給付政策,應設定維護農地生產機能的給付要件,以鼓勵農民維持農地農用與農業生產能力。

為了因應可能的糧食危機,在現有公糧稻穀儲備體制外,可將公糧儲備項目進一步擴大至小麥、大豆等大宗穀物,以確保臺灣糧食能在短期突發事件中仍可供應無虞。

(二)強化糧食自主能力

為了強化對於國際穀物供需情形與價格的監控,可建構相關事前預警系統,以建構國際糧食供需早期警報,並據此預先擬定關稅配額數量、穀物建議庫存數量、農民經營費用補助等事前因應措施。

近年來,農業外人直接投資日益興盛(孫智麗,2013b),除了國內生產外,亦可進一步採積極主動戰略,藉由擴大海外農業生產基地和建立穩定的海外農產品流通網,強化臺灣糧食自主能力。例如,韓國鑑於該國可耕地面積不足,糧食生產難以自給,推動穀物自恃率(곡물자주율)指標,將韓國國內生產與韓國穀物行銷公司自海外生產或海外市場購買的穀物納入計算,以確實計算該國可實質掌握的糧食自主能力(박동규、승준호,2013)。

(三)提升國產農產品品質

隨著生活水準的提升,國人亦開始對農產品有著高品質、安全、環境友善等期待。為了回應消費者要求,應強化各種農產品認證、標示制度之管理,以提升國人對國產農產品的信賴與支持度(조창완,2013)。

例如,推廣環境友善或有機的耕作方式,以擴大供應減用農用化學品、不施用農用化學品甚至是有機生產之農產品。此外,加強推動良好農業規範(Good Agricultural Practices, GAP)與危害分析重要管制點(Hazard Analysis and Critical Control Points, HACCP)等生產制度,以建立食品安全有害物質的事前管理與預防制度。

此外,目前臺灣並未落實農產品標示制度,可著手推動農產品的全面標示,標示項目包含農產品名稱、產地、重量、生產時期、生產或銷售者,並可建議標示農產品營養成分,以利消費者選購。

(四)加強農業六級產業化競爭力

農業是六級產業化的基礎,由於農業經營納入二級、三級產業,引進產品加工與行銷服務,而能夠提高初級產業的主體性,提升附加價值並增加就業,全面提振農業經濟活力。為了加強農業六級產業化競爭力,應協助各地區發展具自身特色之農食產品。

此外,由於一般傳統農家甚少具備二、三級產業的實作經營能力,因此如何加強相關人才投入與培育實為臺灣應努力方向。

(五)穩定農民所得

為了降低農民所得風險,可將現有價格支持之稻米保價收購農業補貼政策,轉為所得支持之農業給付政策,給予稻農基本所得保障,避免農家因為所得不足而放棄農業生產。同時可發放進一步的獎勵性質給付,鼓勵農民進行結構調整或種植進口替代策略作物,或從事環境友善的耕作行為,以獲得更理想的報酬,甚至吸引優秀人才投入農業生產。

此外,也可考慮推動農業所得保險,針對農民所面對的價格風險及生產風險,設計相應的風險管理工具,改善農民風險管理能力,如此亦能真正達到穩定農民所得之功效。

面對加入 TPP 或 RCEP 後,國產農產品可能會因為外國農產品大量進口而價格下跌,可加強編列「農產品受進口損害救助基金」之預算經費,以確實穩定農民所得並降低農民在自由化歷程中的經營風險(周孟嫻,2014)。

二、因應農業自由化之消費面策略

（一）推動飲食與營養教育

飲食生活與健康有密切關聯，為了促進國產農產品消費，可從健康與營養教育面向著手，針對各種年齡層與生活型態民眾制訂與推動符合其需求之飲食生活教育與營養政策，進而鼓勵國產農產品消費，並減少進口農產品消費量（楊玉婷，2014）。此外，亦可針對弱勢民眾，提出供應國產農產品等相關飲食協助方案，解決弱勢民眾所面臨的飲食與營養問題，增進弱勢民眾健康。

為了促進農業生產者與消費者的交流，除了推廣地產地消，亦可推動由地區生產者供應地方政府機關或學校飲食，透過契作供應農產品，強化消費者與農業生產者之間的連結，進而促進臺灣消費者對國產農產品之認同感與支持。

（二）推行農食產品產地標示

未來進一步開放農產品市場後，進口農產品將持續增加，然而消費者不一定能夠清楚區分農產品或食品的產地來源。因此，可加強推廣農食產品產地標示，以協助消費者不受混淆。以韓國為例，根據該國「農水產品產地標示法」（농수산물의 원산지표시에 관한 법률），除了特定農產品與加工食品需標示產地來源外，韓國亦推動餐廳使用食材產地標示，品項包括稻米、牛、豬、雞、鴨、羊、泡菜、水產品等多種食材。

此外，相關機構可推廣能簡易區別國產或進口農產品的方法，協助民眾能直接以外觀或肉眼辨識農產品來源國，做為消費者農產品選購參考。

（三）提振國產米食消費

稻米為臺灣重要農業生產品項，2013 年臺灣稻米產值達 370

億元新臺幣。然而，由於飲食西化，臺灣人均稻米消費量持續減少，麵類與肉類之需求則增加，不僅對臺灣糧食自給率有負面影響，也導致稻米有供過於求之現象。因此，宜積極推動提振米食消費，降低國人對於進口黃豆、硬質玉米、小麥之依賴。

進行米食推廣時，可與飲食與營養教育相結合，強調米食的營養與保健訴求，以強化米食消費和健康生活之間連結，而加深民眾購買意願（韓國農食品部，2010）。應考慮跳脫傳統宣傳推廣方式，推出能傳達米食健康、營養且流行形象米食的消費廣告、舉辦米食烹飪的網路互動大賽或是針對學生族群則推出米食教育小遊戲、漫畫與電子書等，藉此對國人飲食習慣產生潛移默化影響。

另外，針對食品與餐飲業者等，可藉由各種米食研討會、博覽會或比賽，令業者可以相互交流最新米食烹調技術，亦可在國家技術資格考試中，納入米食烹調與製作相關考題，以進一步推廣各式米食烹調與製作技術。同時可以在賣場中設立「米食銷售專區」，並不定期舉辦各種米食料理示範與試吃推廣活動，或是在使用米為原料的食品上標示「米」字，做出產品區隔與差異化，吸引國人消費米食。

（四）臺灣傳統飲食國際推廣

除了擴大國內國產農產品消費，可轉為積極主動策略思維，推動臺灣傳統飲食國際推廣，進而帶動臺灣農產品市場。例如，韓國推動「韓食世界化」，由韓國國產農產品帶動餐飲品質，同時搭配該國觀光及流行文化產業的吸引力，向世界各國推廣韓國飲食，以提高韓國農業、旅遊業、餐飲業與文化產業之商機。

因此，為了進行臺灣傳統飲食國際推廣，相關工作項目將包含：建立臺灣飲食地標、發展臺灣飲食相關產業、臺灣飲食產業

品牌化、強化相關產業連結與合作、建構基礎環境、培育飲食產業相關專業人才等。藉由向世界各國推廣臺灣傳統飲食，進而帶動國內農產品及農產加工品、食品，成功的銷售到海外市場。

伍、結論

農業自由化之因應策略可分別從生產面與消費面分別推動，在生產面相關策略包括：確保農地農用與擴大糧食生產、強化糧食自主能力、提升國產農產品品質、加強農業六級產業化競爭力、穩定農民所得等；消費面策略包括：推動飲食與營養教育、推行農食產品產地標示、提振國產米食消費、臺灣傳統飲食國際推廣等。唯有生產面與消費面政策手段相互配合，始能真正擴大臺灣國產農產品之消費，進而提振農業生產，協助臺灣農業部門面對與因應自由化所帶來的衝擊與挑戰。

參考文獻

周孟嫻（2014）。〈韓國因應自由化之農業發展政策分析〉，《臺灣經濟研究月刊》，37（3）：80-86。

孫智麗（2013a）。《建構「三農三生」新價值鏈：從「開放式創新」與「社會企業」看農業產業化發展策略》。臺北，臺灣：財團法人臺灣經濟研究院。

——（2013b）。《開放僑外人來臺直接投資農業之影響評估及因應策略研究》。行政院農業委員會委辦科技計劃。臺北，臺灣：臺灣經濟研究院生物科技產業研究中心。

——（2013c）。《農業因應自由化及所得支持政策決策支援之研究》。行政院農業委員會委辦科技計劃。臺北，臺灣：臺灣經濟研究院生物科技產業研究中心。

楊玉婷（2014）。〈日本擴大國內農產品消費之策略分析〉，《臺灣經濟研究月刊》，37（3）：87-92。

韓國農食品部（2010）。참 쉬운 쌀가루 요리。取自 https://www.epis.or.kr/community/show.do;jsessionid=416FB3ED8F16536F2C8951AB127557BB?boardId=publication&menuNo=0&page=8&keyword=&pageSize=5-&column=&seq=5771

박동규、승준호（2013）。곡물자급률 제고 정책과제。取自 http://www.foodsecurity.or.kr/bbs/view.php?&bbs_id=qnaa04&page=&doc_num=88

조창완（2013）。국제식량위기 시대 전남의 식량공급기지 구축 방안. 무안, 한국: 전남발전연구원.

Bush, R. C., & Meltzer, J. (2014). Taiwan and the Trans-Pacific Partnership: Preparing the Way. Washington, DC: Brookings.

柒 農業

回應

陳文德
行政院農業委員會副主任委員

壹、加入 TPP／RCEP 對臺灣農業之影響與因應

一、農業一向是各國對外洽簽 FTA 時，最重要的敏感議題。由於臺灣農業經營規模小，生產成本較高，如果農產品市場開放幅度過大，對國內農民及產業發展有深遠影響。為避免產業遭受衝擊，面對經貿全球化與自由化，農業部門除積極進行產業升級與結構調整措施外，也將透過協商爭取農業調適空間，以確保農業的永續發展。以加入 TPP 為例，對臺灣農業之影響如下。

（一）加入 TPP 對農業之正面效益

1. 享受 TPP 成員國優惠關稅，有助拓展國外市場：我農產品可享受成員國提供之優惠關稅，有助於我優質農產品外銷。

2. 原料進口多樣化，有利農產加工：業者進口國外原料搭配國產原料，透過國內技術加值，提高產品之國際競爭力，並有利我農產加工發展。

3. 吸引國際農企業來臺投資，開發創新產業海外市場：藉由吸引國際農企業投資與合作，拓展中小型農機、生物用藥、肥料及種苗等科技新產業與國際市場。

（二）加入 TPP 對農業之負面影響

1. 進口農產品將替代部分國產農產品，不利小農發展：臺灣尚有 21 項農產品實施關稅配額（tariff-rate quota, TRQ）及特別防衛措施（special safeguard, SSG）等，加入 TPP 後取消關稅相關措施，國產農產品如被國外進口產品取代，或因進口產品低廉價格影響國產銷售時，將衝擊國內農業之生產。

2. 農業產值減少及糧食自給率下降：當農業產值受影響，當農業產值受影響，從農意願降低，農業可能更萎縮，糧食自給率也將因進口產品增加而更為下降。

二、農業部門面對高度自由化趨勢，必須加速產業、勞動力與水土資源之結構調整，同時運用優質產品與技術，創意加值與行銷，擴大新市場與深化國內市場需求。自由化之勢既不可擋則必須積極以對，對外方面，掌握 TPP 各成員國市場開放的機會，積極發展臺灣具競爭力或潛力產業，推動自由經濟示範區──農業加值，逐步與國際接軌；對內方面，促進傳統農業升級，推動地產地消，加強食農教育與溝通，與進口品作市場區隔。本會依循「黃金十年──樂活農業」目標與策略，積極推動新價值鏈農業，加強創新加值與產業結構調整，促使臺灣農業成為年輕化、有活力、高競爭力之樂活農業。有關因應經貿自由化之重要策略包括：

（一）推動農業加值，拓展國際市場

1. 推動自由經濟示範區──農業加值：在示範區建構外銷導向的

農業產業價值鏈,吸引產業投資,運用進口或國內契作農產原料,結合國內關鍵產製技術加值後外銷。具潛力重點產業包括:農漁畜產品加工,以及觀賞水族動物、農機、動物疫苗等產業。

2. 推動農業科技產業全球運籌:2014 年 1 月已成立農業科技研究院,作為農業科技產業化及新創事業之發展平臺,吸引外國公司投資新創事業,初步篩選產業包括:動物疫苗、飼料添加物、生物農藥、檢測檢驗技術、石斑魚模場及觀賞魚與周邊產品等。

3. 輔導建立品牌與強化國際行銷:依國外市場(含新興市場)特性與需求,如以 Halal 認證農產品銷往穆斯林地區,開拓印尼、馬來西亞等市場,「做新的餅」;開發亞熱帶地區高效畜禽生產系統、園藝設施栽培模組,推動資材、技術與整廠輸出;輔導建立品牌及整合行銷,引進專業經理人制度,擴大出口市場,並運用新形態通路,開拓網購商機。

(二)促進地產地消,建立市場區隔

1. 重視衛生安全與生產管理:建立規模化之安全生產基地、如稻米、水果、蔬菜、香菇等集團產區或經營專區;加強農產品源頭管理,如:加強動(植)物用藥與肥料管理、農產品檢驗、動(植)物疫病之監控及防疫等。

2. 追溯與追蹤制度:食品雲系統建立、認驗證及產地標章、農產品追溯普及化。

3. 進行分流管理與拒絕混充:已修法通過,國產米與進口米禁止混合銷售;國產豬肉、雞肉以冷藏供應,強制標示「冷藏」與「解凍」(用酵素分辨),以區隔國產和進口產品;用 DNA 分辨品種(如米、茶、香菇等)、微量元素判別產地。

4. 強化品牌、行銷及食農教育：推廣產地直銷與網路行銷；鼓勵國人消費在地生產農產品；推廣食農教育，加強消費者溝通，培育年輕族群認識農業及國產農產品之消費習慣；推廣中小學午餐使用有機菜，全國學童營養午餐由本會農糧署供應最新產期之國產良質米。

（三）加速結構調整，發揮產業與資源綜效

1. 調整耕作制度與規模：推動活化休耕地、小地主大佃農及黃金廊道農業新方案，提高農業土地與水資源運用效率，擴大經營規模。

2. 培育農業青年人力：專案輔導新進青年農業經營者，鼓勵農學校院學生投入農業，並培育跨領域農業科技人才，強化技術整合、商品化經營能力。

（四）實施直接給付，保障農民所得

1. 推動符合 WTO 國際規範之綠色措施：建立完善農業調查統計及制度規劃，作為精準補貼對象、研訂給付標準之基礎；參考日、韓實施直接給付取代價格支持措施之經驗，以彈性漸進方式，檢討調整稻米保價等相關補貼措施。

2. 調整漁業補貼政策：調整為減少漁撈努力量及增裕漁業資源之相關補貼措施。

（五）強化檢疫檢驗，維護優質環境

　　區域經貿自由化促進農產品進出口流通，須面對疫病害蟲入侵風險增加，以及確保農業生產與生態安全之挑戰；另一方面，亦可享有與締約方之優惠待遇、同等效力認可安排及科技合作資訊分享等，有助突破農業外銷防檢疫障礙。

貳、針對臺灣經濟研究院〈加入TPP／RCEP對臺灣農業的影響及其因應〉乙文之回應說明

一、研議調整保價收購制度等農業補貼政策

　　為因應經貿自由化的衝擊，鄰近的日本及韓國均已取消稻米保價收購，改採所得給付措施。臺灣將參考日、韓改革經驗，考量財政負擔、農民接受度、市場價格風險及執行可行性等因素，研擬規劃符合國際規範之所得給付，以保障農民收益，並引導調整稻米產業結構，增加國際競爭力。

二、因應農業自由化之生產面策略

（一）確保農地農用與擴大糧食生產

　　為活化休耕農地，提高糧食自給率及維護生產環境，本會自2013年起推動「調整耕作制度活化農地計劃」，鼓勵復耕國內進口需求量大之進口替代性雜糧作物、種植具外銷潛力作物、有機作物及產銷無虞之地區特產等作物，以提高國產糧食供應，促進農地多元利用及創造產值。至於建立農地儲備制度因涉及農地儲備機構之設立、土地權利之移轉，以及臺灣農地規劃、使用管制相關法令之增修調整，現階段宜藉由農業環境保護相關誘因措施，如推動直接給付、環境保護等相關措施，有助確保農地農用與儲備。

　　為確保臺灣糧食供應，臺灣稻米之安全儲備不低於3個月之國內稻米消費量，約占年消費量25%（約30萬公噸）。至於是否將公糧儲備擴大至小麥、大豆等大宗穀物，因涉政府龐大的預算支出，宜就儲備所需之成本效益或其他配套措施等事項妥善研析，俾供政策擬定之參考。

（二）強化糧食自主能力，擴大海外農業生產基地

本會於 2011 年 5 月舉辦之跨部會「全國糧食安全會議」業將海外糧食生產投資與合作部分，責成經濟部進行可行性評估。本會除持續蒐集國際間對境外大宗穀物投資合作之發展現況，並配合經濟部規劃相關推動策略。本會將研擬推動建構糧食安全體系之海外農業開發及投資之指導準則，依據臺灣對農作物依存度考慮投資之標的重點作物，利用所蒐集國外農業投資相關資訊，研擬海外投資可行方式，提出重點作物海外投資之適合地區，並配合政府開發援助計劃，與海外投資目標國家建立糧食安全策略夥伴關係。

（三）提升國產農產品品質

為維護國民健康與消費者權益，本會參考先進國家之作法，訂定「農產品生產及驗證管理法」，就產銷履歷農產品、有機農產品及其加工品、優良農產品，建構責任生產體制，輔導農民成為安全農產品生產達人，提升國產農產品及其加工品之品質及安全。以推動農產品產銷履歷驗證制度為例，採臺灣良好農業規範（Taiwan Good Agriculture Practice, TGAP）為生產階段作業基準，以合乎農業永續理念之方法，生產安全、具可追溯性之農產品，再由國際第三者認驗證體系予以確認把關，營造良好農業生產及農產品消費環境，本會並將推動重要農產品可追溯之管理體系，保障國人食用安全。

（四）加強農業六級產業化競爭力

六級產業化係藉由農林漁業或農林漁業與二級、三級合作的方式，提升附加價值，提高農業所得。現階段臺灣推動結合生產、加工貯運及行銷、休閒等政策之整合性工作，如「農業中衛體

系」、「農夫市集」、「農村再生與產業連結」、「有機農業六級產業化發展」及「推動自由經濟示範區——農業加值」。考量自由化對臺灣農業之威脅，本會積極擴大農業加值內涵，彰顯農業多功能價值，從生產型農業轉型建構具創新、跨域整合之新價值鏈農業，提升農業經營人、地、水資源效率，串連農業價值鏈，發揮加值綜效。

(五) 穩定農民所得

為因應加入 TPP 等區域經濟協議，現行農產品價格補貼等措施勢必面臨改革壓力，將規劃調整為兼具改善農業結構，具政策調整功能之措施。本會已陸續推動調整各項補貼措施，例如：調整耕作制度活化休耕地、強化農民補貼資訊整合管理、統整農機用油及肥料補貼等各項農業資訊、修訂老農津貼請領資格等，合理資源運用，未來亦規劃將稻米保證價格收購制度轉為直接給付，以維護農民所得為前提，採彈性、漸進作法，考量財政負擔、農民接受度、市場價格風險等，作好完整配套。

至農業所得保險，據瞭解，日本自 2014 年起為擴大農業者對作物選擇的自由度，健全發揮市場機能，考慮未來導入由受益者適度負擔的農業收入保險制度，本會亦將持續掌握觀察其政策方向及成效，做為臺灣之借鏡參考。

三、因應農業自由化之消費面策略

(一) 推動飲食與營養教育

本會已規劃並執行食農教育推廣，結合學校單位推行食農教育，納入「地產地消、認識在地糧食」等課程，並結合農事體驗，促進學童喜愛並認識在地糧食，以達到教育紮根之功效；另針對

都會地區推動親子食農教育，規劃認識在地糧食及種稻體驗課程以吸引都會地區民眾參與，透過親子共同學習過程，改變家庭米食消費觀念。辦理食農講堂及校園推廣活動，結合營養師及家政班員在農會超市、專賣中心、農村社區或校園等適合地點辦理食農講堂、進行在地料理試吃及料理教作等活動，結合農會推動青少年健康飲食及在地消費教育，宣導正確的飲食消費的觀念與健康飲食習慣，並透過課程推動在地生產在地消費理念。

（二）農食產品產地標示

有關農產品標示部分，由於供人食用之農產品亦屬食品，臺灣食品安全衛生管理法第 22 條、23 條、第 25 條對食品已訂有相關應標示規定，以落實辦理。為提供民眾易於辨識並消費臺灣米，間接建立民眾對國產米之認同感，本會針對國內使用臺灣米或米食料理之業者推動申辦標示「臺灣米標章」。針對國產豬肉、雞肉以冷藏供應，強制標示「冷藏」與「解凍」，以區隔國產和進口產品。因應加入 TPP／RCEP 將持續推動產地標章制度，鼓勵並輔導具發展潛力但未註冊者提出申請及順利取得標章；另為強化消費者對產地標示的認識，將加強行銷推廣產地標章，鼓勵消費大眾優先選購具有產地標章之國產農產品。

（三）提振國產米食消費

為提振國產米食之消費，本會已持續規劃並執行米食推廣多元行銷，透過舉辦全國稻米品質競賽、年度大型米食展售活動及米食推廣宣傳等方式，向國人推廣宣傳優質臺灣米並認識多元米食，以吸引民眾多加消費國產米。另米食消費與營養宣導部分，亦透過親子、學童之食農教育計劃及「地產地消、認識在地糧食」之課程，加強消費者認識米食、喜愛米食，進而改變一般家庭膳

食習慣,提升米食消費量。此外,經由推動「臺灣米標章」,鼓勵相關業者多加使用臺灣米產製相關料理產品,以提供消費者更多元化選擇臺灣米產品,有助於促進國產米食消費。

(四)臺灣傳統飲食國際推廣

本會自 2010 年即配合行政院核定經濟部主辦之 10 大重點服務業——「美食國際化」,期間本會配合辦理國內多項美食相關推廣活動,並將美食與國內舉辦之國際展覽結合,推廣臺灣在地食材,吸引國際觀光客或商務客注目,達到臺灣美食推廣之目的。未來本會將積極與其他部會進行資源整合(如觀光局、經濟部、原民會、客委會等),除推廣臺灣優質食材外,亦積極朝美食觀光、地區特色美食發展,以觀光及美食帶動臺灣農業活絡。

柒　農業

回應

詹澈
行政院雲嘉南區聯合服務中心代理執行長

壹、前言

　　該文前言敘述世界經濟組織「跨太平洋戰略經濟伙伴協定」（TPP）、「區域全面經濟伙伴關係」（RCEP）在全球經濟自由化下的可能衝擊，臺灣農業必須未雨綢繆。應可再比較兩岸特殊關係下的 ECFA 的優勢，此優勢能維持多久，如何應用此優勢先完成臺灣農業結構轉型，再面對洽簽 FTA 及加入諸如 TPP、RCEP 的衝擊與挑戰。茲將該文所述及的影響與因應之策略簡要回應如下：

一、臺灣農業產值大約只占總產值的 1.8%～2%，然而農業誠如該文所述的是價值面的思考，非產值面思考，而農業產值中畜產所占比率極高約占 32%，其中又以養豬業所占比率最大約占 45%。在 FTA 談判，尤其是以美國主導的 TPP，首當其衝的就是美豬進口，有無可能列入豁免於貿易協定之外，其機率相對小。因為養豬業難如韓、日與美談判一般，以水稻糧食涉及國家安全問題而暫時豁免於貿易協定之外，其對

生態環保亦無正面意義。因此加入 TPP 之前（若評估一定要加入），應有自己配套因應之策，例如是否要比照美牛採取國際法典參考值，或自訂標準，徵詢豬農接受程度，擬訂豬農轉業配套措施。或將養豬產業改變為具有生態環保之正面價值，請生技科研單位研究，能在養豬場 30 公尺內聞不到臭味、降低沼氣發電成本、豬舍屋頂太陽能發電、豬糞製造有機肥等。

二、有關糧食危機的敘述，應可略述國際糧食供應鏈問題，例如《糧食戰爭》（*Stuffed and Starved: The Hidden Battle for the World Food System*）一書中提及的全世界糧食買賣及供應鏈其實掌握在 4 大糧商（A、B、C、D）手中，常常糧食生產過剩，地球卻有近 10 億人處在饑餓狀態，期貨升值但農民卻沒賺到錢，這其實是世界自由經濟體制與糧食分配問題，也是自由經濟下跨國公司操作與壟斷的結果。其次對於基改糧食對地球環境與人體的負面影響，也可著墨論述，它也是糧食危機的一部分，雖然基改作物是為增加單位面積產量解決糧食不足問題，但實際上卻因違反自然法則生產而引發對人體健康的食安問題。

三、有關糧食自給率以熱量計量，是否與實際情況有差異，若以實際產量與實際消費量做好精確的計算，自給率應不及 32%，2020 年要達到 40%，必須有較大的改革與配套措施才有可能，此應有再敘述的空間。而國人稻米消費量的減少，與疾病及醫療宣傳亦有關，比如糖尿病與三高患者一再強調不能多吃澱粉類食品，尤以稻米為忌，臺灣年輕族群受麥當勞等速食文化影響以麵食居多，老年族群面臨糖尿及三高忌食米類，稻米消費逐年減少，影響糧食自給率，此類醫學負面影響，值得深思對應策略。

四、對於糧食價值與糧食生產者的論述極為中肯，對於糧食（稻米）保價收購等在未來可能被取消的因應，也可以從提高糧食生產的價值面再論述，若教育是百年大計，難道保有一定優質的土地生產糧食不是百年大計嗎？糧食生產者的彎腰躬耕應是人類最原始的禮拜儀式，如此，對於糧食生產者的基本保障與職業化，例如比照軍公教之福利或與勞工基本工資之保障的考量，就值得面對。

五、對於要加入 FTA、TPP、RCEP 組織，在短、中、長期的農業轉型與配套措施，在在需要農民組織承擔重大任務去執行，因此對於農民組織的改革與分工應再論述，例如農會可以加強專業於農村金融、農保及農民福利、青年婦女與農民推廣教育，新品種新技術宣導，政府農業政策與改革宣導等，而農業合作社在農業部成立後應可從內政部管轄交由農業部主管，使其法人位階正常化，專業於農產品運銷之業務。

六、農委會升格為農業部後，應將部分老農津貼之預算（大約200億）由衛福部吸收，農業部才有足夠的預算全盤規劃面對加入 FTA、TPP、RCEP 的衝擊，例如豬農轉業配套措施就要不少的預算。農業部成立後若預算排擠問題無法取得共識解決，或可考量農業基本法的立法，提高農業價值觀，並確有基本比例之預算。

七、從生產面與消費面詳述受到影響的因應之道非常實際，但另一角度來看，例如合理的價格是生產者與消費者最好的保障，許多營養午餐競相殺價結果，學生吃到的是最差的食品，更遑論吃到安全有機食品。農民賺不到錢，消費者也吃不到好的食物，這有賴政策面與自由化趨勢下臺灣農業之因應策略。除生產面與消費面的因應，應可再加強流通行銷面的敘

述，例如政府現在正要推行的自由經濟試範區，在農業加值與加工出口上規劃的策略，其次如設置海外農特產品生產與行銷據點，參加各項大型國際展覽會，舉辦大型國際農特產品及食品展覽會等。

貳、結語
一、半計劃性經濟思考及農業333（升升升）：2012年草案修改

臺灣農業產值雖只占總產值約 2%，但在海島型經濟與戰略而言卻具有政治、國防、經濟、社會、文化、生態環保等多種價值。實際以從事農業收入維生之農民雖只有約 19 萬戶 54 萬人，但影響或輻射能量可達 200 萬至 300 萬人，包括兼業農及其家人與相關產業，如廣告、包裝、運輸、農藥、肥料、能源、生化醫療等，其產值影響的估算亦應如此，足見農民與農業具有關鍵性的影響力。而農地是無法移動的，且農畜產品從栽養到收穫出售都受季節氣候影響，又難以儲存，因此農業產業屬性並不自由，要完全依照 WTO 或 FTA 與 RCEP、TPP 之全球化自由經濟及區域經濟觀點與規定必然難以應對。是以應可以半計劃性經濟思考方向因應，如將臺灣依南北緯度與海拔規劃出糧食、雜糧及具競爭力的高經濟農產品，再依根莖類、花果類、葉菜類區分，在規劃區內依規劃作物種植者有獎勵措施如基本工資保障等，又如從（一）農產品預警機制、（二）休耕調整辦法、（三）老農退休機制三方面各有 3 個步驟，筆者試以「農業333，升升升」為草案，略述以後作為參考。

二、「農業 333，升升升」草案

（一）農產品產製銷 3 步驟（農產運銷預警燈號方案）

農產品價格以成本加 20% 為農民實際所得價之原則，當農產品產地價格平均已至生產成本，即啟動處理機制（比 95 機制與耕除更節省預算與更符土地倫理），依照市場統計之計算公式，種植面積或產量高於市場平均需求量 20% 時價格約會降至 50%（包括消費者心理預期結果）為處理機制的標準。為避免農民及經銷商因搶收、惜售、屯積而產生價格與市場混亂，預警機制分種植期與採收期二階段實施。第一階段種植期以面積為預警單位，面積計算採取登記、調查、空照等方式統計，面積達到近 3 年統計平均值 90% 時開始啟動預警燈號機制，燈號對媒體透明公開，讓農民易懂而減少種植過量的可能。第二階段採收期為內部作業標準，為避免干擾市場，原則上不對外公布。第一與第二階段預警機制如下：

1. 當第一階段前期種植面積達近 3 年統計平均值 90% 時為黃燈號，在農會或電視跑馬燈公告，提示農民不要再種植。平均值達 95% 時為黃紅燈號，在農會或電視跑馬燈公告，提示農民不能再種植。平均值達 100% 時為紅燈號，在農會或電視跑馬燈公告，禁止農民再種植，若依資料顯示再種植者取消當年度相關優惠與補助。

2. 當第二階段採收期產量連續 3 日高於市場平均需求量（目標量）5% 以下時為黃燈號，啟動市場調節機制銷毀次級品，或強制各機關團體、學校、軍隊等配合採購。當產量高於市場平均需求量（目標量）10% 時為黃紅燈號，除繼續之前採購機制，啟動大陸地區政策性與市場機制雙重採購，並開始進行加工作業（加工以三級品為主）。當產量高於市場平均需求量（目標

量）20% 以上時為紅燈號，除繼續之前的採購機制，全面啟動加工作業（包括二、三級品，加工細節與鼓勵機制與食品業界研商）。

3. 各類農產品各時期之面積與產量，於種植後期 14～30 天，產期前 14～30 天確定（後期產量包括氣候與過國際市場價格資訊等變數考量），調查統計機制必須專案專人，達到電子資訊化、普遍化處理，並加強傳統方式深入農村，每鄉增加至少 1～2 人為專業調查員，必須農業相關科系並經訓練，以增加農村就業率。各主要農產品之加工技術，保存方式，加工品類至少 1 至 3 種都由專人專案事先規劃。

（二）水稻田休耕調整 3 步驟

現在世界糧食價格逐漸升高，糧食銷售管道與分配不均，聯合國糧農組織已要求各國必須提高糧食自給率，因此水稻田休耕除因為亢旱天災不得已，政府的刻意補助以鼓勵不符合世界潮流及土地利用與農村文化價值，若以達到 2020 年糧食自給率 40% 目標，除依進度逐漸增加稻穀公糧收購價與收購量，宜重新檢討擬訂休耕政策，參考步驟如下：

1. 水稻田除政策性需要外先鼓勵實施只休耕一期作，不要二期都休耕（現已正式實施）。二期作都休耕者，自第二期作起休耕補助每公頃由補助 45,000 元減少為補助 30,000 元（或 15,000 元）。

2. 原休耕水稻田若自願轉作替代性進口農產品如麵粉用小麥（適種新品種）與飼料用玉米，則每公頃補助 55,000 元，麵粉用小麥與飼料用玉米則依照進口價收購。種植青割玉米及牧草者按補助金額 8 折比照辦理。（麵粉食物已占主食近 40%，而麵粉目前是 100% 進口）。

3. 原休耕水稻田若配合小地主大佃農政策,將農地出租,由法院、農會或鄉鎮區公所公證租約,不適用375減租相關規定(因農業發展條例已修改),且繼續具有農保資格。種植麵粉用小麥或飼料玉米,每公頃除補助 55,000 元,另加上大佃農付給租金合計至少 70,000 元,麵粉用小麥與飼料用玉米依照進口價收購,種植青割玉米及牧草者按補助金額 8 折比照辦理。

(三)老農退休機制三步驟

1. 在老農津貼每月 7,000 元機制下,每 3 年依物價指數上升比率調整一次(現已實施),可增設參考勞工退休保險機制,自願多繳者多領(現已考量實施),目標保障達到基本工資。

2. 65 歲以上農民之不動產,可以向農會作防老抵押貸款,優惠低利率或零利率,貸款金額以每月最高支付 2 萬元給老農,至老農往生,不動產價值(依公告地價擬訂鑑價計算標準)扣除已支付款餘額,可由親屬繼承。抵押之不動產則透過農會出租給需要土地的農戶以符農地利用原則。

3. 老農子女有繼承實際從事農業者,其子女及孫子享有生育、哺育、教育等更優惠補助,募兵制未實施前,獨子得免當兵,當兵者農忙期,或原住民豐年祭得請假回家幫忙。

加入 TPP／RCEP 對臺灣勞工的影響及其因應

徐遵慈
中華經濟研究院台灣東協研究中心副研究員兼主任

壹、前言

　　鑒於區域整合已為當前國際間重要潮流，政府於 2011 年「黃金十年」國家願景計劃中，即提出將「開放布局」列為施政主軸，以及四大努力方向：一、積極洽簽經貿協定，融入區域整合，連結亞太，布局全球；二、進一步邁向經濟自由化，以吸引跨國企業在臺設立區域營運總部；三、打造臺灣成為全球企業進出亞太市場的最佳門戶；四、逐步創造條件，以加入跨太平洋夥伴協定（The Trans-Pacific Partnership, TPP）做為努力目標。在此目標之下，政府宣示將依據「多元接觸，逐一洽簽」的原則，推動與主要貿易夥伴國洽簽經濟合作協定（Economic Cooperation Agreement, ECA）[1] 或自由貿易協定（Free Trade Agreement,

---

[1] ECA 與 FTA 的名稱雖不同，但實質上同為自由貿易協定。臺灣對外洽簽貿易協定以 ECA 為名的原因，在於其可能淡化主權國家的色彩。

FTA）。隨後，今（2014）年一月，馬總統在元旦文告中，進一步闡明政府將以「雙軌並進」、「全民同心」之方式推動臺灣加入 TPP 與《區域全面經濟夥伴協定》（Regional Comprehensive Economic Partnership, RCEP）（中華民國總統府，2014）。至此，臺灣加入區域整合的藍圖大致底定，最終目標是希望爭取在 2020 年時達成臺灣簽署 ECA 所占貿易額達臺灣對外總貿易額 60% 的目標（經濟部經貿談判代表辦公室，2013）。

簡要來說，臺灣加入 TPP／RCEP 對勞工之影響可分為兩大層面，其一在於 TPP 與 RCEP 均為當前亞太地區最重要的巨型（mega）FTA，自由化程度甚高，臺灣如加入 TPP 或 RCEP，將對經濟、貿易、產業發展等產生重大影響，因此亦將影響國內勞工的就業；其二則在於 TPP 與 RCEP 均涉及若干技術或專業人士的開放（即自然人移動議題），TPP 更訂有勞工議題專章，因此也將對臺灣勞工與相關勞工法規產生影響。依此方向，本文首先將說明臺灣加入 TPP 與 RCEP 對勞工就業影響之量化評估；其次，將就兩個 FTA 所涉之勞工議題專章或關注事項，予以分析；最後，將提出其對臺灣的影響與因應對策之政策建議。

貳、臺灣參與 TPP／RCEP 對勞工影響的分析

一般而言，國家間簽署 FTA 的目的之一在打開雙方市場，進一步推動自由化，因此通常會導致生產要素、貿易條件與投資待遇之變動，進而對簽署國之貿易、產業產生影響，而間接亦造成對於勞工與就業之影響。基此，雖然絕大多數的 FTA 不涉及開放他國勞工（藍領勞工）工作之問題，但簽署國政府亦須探究 FTA 對勞工就業可能產生之實質衝擊，進而尋求因應與調整對策，以降低 FTA 負面效果。

TPP 與 RCEP 皆屬巨型且相當高標準之 FTA 倡議，其中貨品貿易方面，TPP 原標榜 100% 自由化，惟近來因日本堅持對部分農產品維持保護措施，以致 100% 自由化目標恐遭鬆動；至於 RCEP 未來可能朝向 90%～95% 的標準承諾關稅調降（Fukunaga & Isono, 2013），因此臺灣不論加入 TPP 或 RCEP，均將對我貿易與產業產生重大影響。

根據國內學者依據全球貿易分析模型（Global Trade Analysis Project, GTAP）所進行之量化評估，分別針對 TPP 與 RCEP 形成，臺灣未加入與加入兩種情境，進行總體經濟影響評估。評估結果發現，RCEP 形成而臺灣未加入時，臺灣經濟福利損失約 55.5 億美元，TPP（12 國）形成而未加入時，經濟福利損失約 6.6 美元。如從 GDP 帶動效果及出口創造效果來看，臺灣如未加入 RCEP，將使臺灣的實質 GDP 成長率降低 0.76%，出口值減少約 35 億美元；臺灣如未加入 TPP，將使實質 GDP 成長率降低 0.14%，出口值減少約 6.2 億美元（許博翔，2012）。

另外，根據中華經濟研究院在今（2014）年 6 月進行之最新量化評估，[2] 亦發現臺灣如未能加入 RCEP，對我實質 GDP 與產值均將產生衝擊，總就業人數亦將減少，尤其對於勞動密集型產業就業需求的影響最為明顯。相對來說，臺灣如能加入 RCEP，則將使實質 GDP 增加，總產值與總就業人數亦將明顯受益，尤其將明顯增加製造業與服務業的就業機會，但農業及其加工製品將受到衝擊，就業人數將減少。

從不同量化分析結果，可知臺灣加入 TPP 與 RCEP，對整體經濟與製造業及服務業的就業將帶來正面效益，但是農業部門將受到衝擊，農業就業人口亦受到微幅影響。反之，臺灣如不加入

---

[2] 本次模擬使用最新版資料庫係 8.1 版，基期年為 2007 年。

TPP與RCEP，則不論整體經濟與製造業、服務業及農業的產值與就業都將遭受明顯衝擊。此類量化評估可支持參與區域整合對臺灣整體經濟有利的政策，惟自由化結果亦將造成「贏家」與「輸家」，針對農業將是臺灣加入TPP與RCEP後受到進口衝擊最大的「輸家」，政府必須在因應與輔導轉型對策上，照顧到農業的特殊處境與農村就業人口的需求。

加入TPP與RCEP對臺灣製造業和服務業均有明顯正向效益，將有助帶動臺灣貨品與服務出口，尤其多數RCEP會員國進口關稅偏高，若能對臺灣調降關稅，將可促進臺灣出口，帶動我產值及創造就業機會。至於臺灣服務業除受惠於貨品市場自由化的開放效果外，亦可因國內總產值的提升，進而帶動服務業需求增加。由於臺灣服務業具有勞動密集需求的傾向，對於創造就業機會將有明顯助益。

必須特別說明者，TPP與RCEP雖不涉及一般藍領勞工的開放，但因成立自由貿易區的目的係促使商品、服務、投資與人員的自由移動，因此對於支持跨國企業投資與提供服務的特定人員，如跨國企業的經理人、技術人員、企業內員工輪調，以及提供服務的各類專業人士，諸如會計師、律師、醫師、建築師等，通常在FTA下亦要求簽署國應承諾予以一定程度的開放，此即是世界貿易組織（World Trade Organization, WTO）下服務貿易總協定（General Agreement on Trade in Services, GATS）所規範之自然人移動（movement of natural persons）問題。不過，無論屬於商務人士暫准進入的規範，抑或特定專業或技術人士的開放，並非一般所稱的開放勞工議題，亦非本文研析內容，再加上服務業市場進入之承諾必須配合國內規章予以規範或限制，因此對於國內就業之影響應十分輕微。

參、TPP 與 RCEP 之勞工議題

自 1990 年代開始，國際間由已開發國家主導的 FTA 多將勞工議題列入談判、規範的範圍，例如美國、歐盟對外簽署之 FTA，均訂有勞工議題專章。TPP 循此趨勢，亦納入勞工議題專章，而 RCEP 雖未明訂將勞工議題納入談判範圍，但實務上東協國家近年來日漸重視勞工議題。臺灣如欲加入 TPP 與 RCEP，必須瞭解其討論之勞工議題內涵，以便規劃臺灣的對應作法。

在國際組織與跨國事務執掌的分工架構中，勞工議題係由國際勞工組織（International Labour Organization, ILO）主管，該組織自 1919 年起推動一系列勞動公約與建議書，以確保各國追求經濟成長亦兼顧勞工人權與福利。1998 年 6 月 18 日，ILO 通過《國際勞工組織關於工作與基本原則權利宣言》（ILO Declaration on Fundamental Principles and Rights at Work），做為各會員國在經濟發展下兼顧社會進步、提供最低限度、發展共同價值的指導方針。2010 年 6 月 5 日通過修正附則，更新後續推動工作。

《國際勞工組織關於工作與基本原則權利宣言》列舉 8 項「基本公約」（fundamental conventions），與 ILO 理事會（governing body）指定 4 項「優先公約」（priority conventions）為最重要公約，前者包括：第 87 號結社自由與組織權之保障公約（Freedom of Association and Protection of the Right to Organize Convention, 1948, No. 87）；第 98 號組織權及團體協商權公約（Right to Organize and Collective Bargaining Convention, 1949, No. 98）；第 29 號強迫勞工公約（Forced Labor Convention, 1930, No. 29）；第 105 號廢止強迫勞工公約（Abolition of Forced Labor Convention, 1957,

No. 105）；第 111 號歧視（就業與職業）公約（Discrimination [Employment and Occupation] Convention, 1958, No. 111）；第 100 號男女勞工同工同酬公約（Equal Remuneration Convention, 1951, No. 100）；第 138 號最低年齡公約（Minimum Age Convention, 1973, No. 138）；第 182 號最惡劣童工形式公約（Worst Forms of Child Labor Convention, 1999, No. 182）。後者則包括第 81 號勞工檢查公約（Labour Inspection Convention, 1947, No. 81）；第 122 號就業政策公約（Employment Policy Convention, 1964, No. 122）；第 129 號勞工檢查（農業）公約（Labour Inspection [Agriculture] Convention, 1969, No. 129）；以及第 144 號三方面諮詢（國際勞工標準）公約（Tripartite Consultation (International Labour Standards) Convention, 1976, No. 144）。此 12 項公約被視為「核心勞動標準」，重要性超過其他 ILO 公約（徐遵慈，2007）。

將勞工議題或「核心勞動標準」（core labour standards）帶入 FTA 談判者，始自於美國。1992 年「北美自由貿易協定」（North American Free Trade Agreement, NAFTA）簽署後，另簽署「北美勞動事務合作附加協定」（The North American Agreement on Labor Cooperation, NAALC），以處理勞工議題，惟其規定勞工爭端採諮商方式解決，不適用協定爭端解決機制，導致勞工爭端無法有效處理的弊病。針對各界咸認 NAFTA 對於勞工保護不足，美國 2002 年貿易法（Trade Act of 2002）即規定，美國行政部門對外締結貿易協定時，須由國會針對特定協定目標進行審核，貿易法更要求美國總統對新簽署之貿易協定提出相關報告，經國會審核通過後該協定始正式生效。該項勞工報告包括就業衝擊評估分析、勞工權利報告、禁止剝削童工報告，自此確立美國對外簽署 FTA 時勞工議題專章內涵的雛形。

截至目前,包括美國與新加坡、韓國等各國簽署的 FTA,均將勞工事務以專章方式規定於 FTA 中,明定雙方不得為鼓勵貿易或投資目的,實施會削弱或減損國內勞工保障標準之不當措施,以及課予締約國雙方須有效履行其國內勞工法令之義務等。其後,2012 美國雙邊投資條約(2012 U.S. Model Bilateral Investment Treatment, BIT)範本中,亦規範「投資與勞工」章節,內容現已成為美國簽署 FTA 與 BIT 勞工議題的標準範本。依此,TPP 勞工專章的內容大致包括:遵循 ILO「工作基本原則與權利宣言」,TPP 會員如為 ILO 會員,應確認其對宣言之承諾;加強勞動議題之合作、機制安排、與諮商事宜;各國應有效執行其國內勞動法規;確保各國不為吸引投資或增加貿易而降低或削弱國內有關勞工保護之法律;檢視評估各國之勞動法規與實施狀況,建立雙方諮商程序與合作行動,以提升遵守核心勞動標準的能力等(Office of the United States Trade Representative, 2011)。

至於遵循 ILO「工作基本原則與權利宣言」之具體義務,即是各國應同意其勞工法規與權利包括前述「核心勞動標準」:結社自由、承認集體諮商權利、消除強制勞動之所有形式、消除童工及禁止童工之最壞形式、消除僱用與職業之歧視;有關最低薪資、工時、職業安全與健康之可接受條件。

值得注意的是,在 8 項「基本公約」中,美國迄今僅核准第 105 號(禁止強迫勞動)及第 182 號(禁止最惡劣童工形式)公約(ILO, n.d.),因此雖然美國貿易法要求審視新簽署 FTA 對手國簽署或履行「基本公約」的情形,但該國是否簽署或核准「基本公約」並非決定性標準,例外者為第 105 號與第 182 號公約。此外,除前述核心勞動標準外,有時尚增列「其他勞工議題」

（other labor issues），如對於婦女、少數族群等歧視性待遇之禁止、人口走私問題之處理、外籍勞工之管理與規範等。

相較於 TPP 十分重視勞工議題，RCEP 係由東協國家主導，對於勞工標準議題的重視程度不若美國。然而，雖然 RCEP 揭櫫的談判範圍並無勞工議題，[3] 但實務上東協國家之間，以及與周邊已簽署「東協加一」FTA 的國家如中國大陸、日本、韓國等，均訂有勞工部長會議，商討其關切之勞工事務合作等。其中，東協國家中因菲律賓、泰國、印尼、越南、緬甸等均為勞工輸出國，而新加坡、馬來西亞等則為勞工輸入國，因此對於移工（migrant workers）的權利甚為關心，2007 年 1 月 13 日各國聯合發表《保護與促進移工權利宣言》（ASEAN Declaration on the Protection and Promotion of the Rights of Migrant Workers），以加強東協地區有關移工權利之保障（ASEAN Secretariat, n.d.）。對此，雖然 RCEP 談判範圍不及於勞工議題，但在 RCEP 各國實際往來的過程中，包括移工權利的保障等事務亦為難以迴避的重要議題（徐遵慈，2012）。

肆、勞工議題對臺灣的影響與因應之政策建議

鑒於區域整合與自由化已成為當前國際間最重要的經濟合作潮流，臺灣無法自外於此一趨勢，因此政府已明確訂定臺灣將全力爭取加入 TPP 與 RCEP。雖然 TPP 將在目前 12 個國家完成談判後始開放其他新會員加入，而 RCEP 亦預計在 2015 年底完成16 國的談判後，再開放其他經濟夥伴（economic partner）參加，

---

[3] 根據 RCEP 公布之談判範圍，主要將聚焦於 8 項議題，包括：貨品貿易、服務貿易、投資、經濟與技術合作、智慧財產權、競爭政策、爭端解決、其他議題等。

然臺灣為爭取各國支持，目前即須開始進行自由化與法規鬆綁的盤點與檢討，同時須針對加入 TPP 與 RCEP 可能產生的影響，規劃必要的調整與配套措施，以降低未來可能遭受的衝擊（徐遵慈，2014）。

針對加入 TPP 與 RCEP 將對臺灣產業及部分部門的勞工就業產生影響，政府應規劃整體與產業別的因應做法，包括促進升級與體質改善、提升研發與創新、實施產品區隔化等，以及研擬對於弱勢或可能遭受進口衝擊產業的輔導與救濟措施等。

而針對勞工就業方面之因應，依據勞動部規劃之「因應貿易自由化勞工就業發展與協助方案」，將可適用於 TPP 與 RCEP，以保護臺灣勞工在貿易自由化過程中的權益，並在談判與諮商過程中確保勞工最大利益。勞動部現並規劃相關協助方案，確保勞工因貿易自由化受影響的權益以及保障其所得，積極協助敏感性產業勞工提升就業能力，以及轉業或再就業（勞動部，n.d.）。[4]

此外，針對 TPP 協定所涵蓋的勞動議題專章，恐將是臺灣未來爭取加入 TPP 時，在市場開放承諾外之另一挑戰。臺灣非 ILO 會員，過去以來雖在立法工作上力求遵循 ILO 重要勞動標準，但實質之符合性將是我爭取參與 TPP 時所涉勞工議題之焦點。

臺灣過去雖曾遭遇美國政府與人權團體對臺灣實踐勞工人權

---

[4] 勞動部公布之對於產業無法升級、轉型，而無法營運，已擬妥轉業及再就業的 5 大項協助措施：(1) 再就業協助：僱用獎助、職場體驗、短期就業安置、資遣通報機制相關服務、就業諮詢服務；(2) 就業能力協助：多元職業訓練、訓後就業服務、職訓生活津貼、協助取得技術證照；(3) 創業協助：創業技能及經營管理培訓、創業諮詢及適性分析、企業見習、創業貸款及利息補貼；(4) 轉業協助：求職交通津貼、搬遷與租屋津貼、就業獎助津貼；(5) 待業生活協助：待業生活津貼。請參見勞動部，網址 http://www.mol.gov.tw/cht/index.php?code=list&flag=detail&ids=570&article_id=7790

之批評，然近年臺灣勞工權利在勞工團體的努力下，不論在立法、修法與實踐上均已出現長足的進步，實例如臺灣現行對於組織工會與結社權、集體協商權等之規範，歷經工會法及實施細則、勞基法、團體協約法等之修法，已逐漸接近國際勞動規範；在使用強迫勞工之禁止、雇用童工最低年齡限制、職業與就業歧視之消除等方面，亦有所進展。此類法規改革未來如能持續進行，將有助臺灣爭取其他國家支持我加入 TPP。臺灣除須持續進行勞動法規符合性之盤點與檢討外，亦須整理實際執行的資訊及相關統計數據，提出具體實證，展現我改善勞動標準之努力。

本文提出以下政策建議，供有關機關參考：

一、針對臺灣參與區域整合或簽署 FTA 對勞工的影響，應建立完整且正確的資訊，提供勞工大眾參考，並應針對工會領袖、幹部等提供培訓課程及培養種子師資，以傳遞完整、正確訊息。

二、針對臺灣加入 TPP 與 RCEP 後，恐將遭受衝擊的特定弱勢產業部門（農業、勞力密集製造業等），應對其企業及就業勞工規劃不同的輔導與協助措施，以協助企業降低市場開放之衝擊，協助勞工提升技術，具備技術與職能升級或轉業、創業的技能。

三、針對 TPP 所可能涵蓋的勞工議題，檢視臺灣勞工法律與實施情形，以便逐步與國際核心勞動標準之規定接軌，同時應準備具體之實踐資料與統計數據，以說明臺灣改進之努力。

四、針對 RCEP 國家（主要為東協國家）關切的自然人移動與移工權利保障等問題，著手研擬相關的因應對策，並應利用與東協國家雙邊會議之管道，瞭解及改善其關切之議題。

參考文獻

中華民國總統府（2014）。〈總統主持中華民國 103 年開國紀念典禮暨元旦團拜〉。取自 http://www.president.gov.tw/Default.aspx?tabid=131&itemid=31546&rmid=514&sd=2014/01/01&ed=2014/01/01

徐遵慈（2007）。《臺灣法規符合國際勞工組織（ILO）國際勞工公約檢視研究》。臺北，臺灣：中華經濟研究院。

──（2012）。〈東協推動「區域全面經濟夥伴協定」之研析與臺灣之因應〉。《戰略安全研析》，90：5-12。

──（2014）。〈論臺灣「雙軌併進」參與 TPP 與 RCEP 之策略與準備〉。《WTO 及 RTA 電子報》，393。取自 http://www.wtocenter.org.tw/SmartKMS/www/Epaper/wtoepaper/article393.htm

許博翔（2012）。〈TPP 及 RCEP 對臺灣經濟衝擊之量化分析〉。《中華臺北 APEC 研究中心通訊》，159：6-7。取自 http://www.ctasc.org.tw/02publication/APEC-159-p06-07.pdf

勞動部（n.d.）。〈兩岸經濟協議常見問答〉。取自 http://www.mol.gov.tw/cht/index.php?code=list&flag=detail&ids=570&article_id=7790

經濟部經貿談判代表辦公室（2013）。〈我國與主要貿易國家（美國、新加坡、歐盟、東協、日本、紐西蘭、印度、澳洲等國）之 FTA 洽簽進展情形〉。取自 http://www.moea.gov.tw/Mns/otn/content/Content.aspx?menu_id=5457

ASEAN Secretariat. (n.d.). *ASEAN website*. Retrieved from http://www.asean.org/communities/asean-socio-cultural-community/category/agreements-declarations-18

Fukunaga, Y., & Isono, I. (2013). *Taking ASEAN+1 FTAs towards the RCEP: A mapping study*. ERIA Discussion Paper Series. Retrieved from http://www.eria.org/ERIA-DP-2013-02.pdf

ILO.(n.d.). *ILO website*. Retrieved from http://www.ilo.org/dyn/normlex/en/f?p=NORMLEXPUB:12000:0::NO:::

Office of the United States Trade Representative. (2011). *Outlines of the Trans-Pacific Partnership agreement*. Retrieved from http://www.ustr.gov/aboutus/press-office/fact-sheets/2011/november/outlines-trans-pacific-partnershipagreement

捌 勞工

回應

蔡孟良
勞動部勞動力發展署副署長

　　本人很榮幸受邀擔任　貴基金會此次勞工議題論壇之與談人，同時藉此機會向在場學者及先進請益。鑒於 2002 年展開的 WTO 杜哈回合（Doha Round）整體談判停滯不前，近來各國無不卯足全力，藉由洽簽雙邊或多邊自由貿易協定（FTA）及經濟合作協議（ECA），降低經濟體間之貿易障礙並深化產業供應鏈以提升區域競爭力。其中亞太地區為全球經濟整合重點，TPP／RCEP 成員又多為臺灣重要貿易夥伴，為避免我遭受區域邊緣化並藉此突破經濟困境，積極推動並爭取加入 TPP／RCEP 已是臺灣當前重要之課題。與此同時，勞動部亦刻正檢視自由化落差及盤點 TPP／RCEP 各成員關切議題，並就開放效益、衝擊分析及談判對策預為研擬，強化加入 TPP／RCEP 之準備。本次勞工議題的主筆者中華經濟研究院徐遵慈小姐，對於國際組織、國際經貿法規、亞太區域研究及性別議題皆有深入的研究，其所撰擬之本文架構清晰且內容詳盡，不僅完整闡釋主題，就政策建議評論乙節亦十分具參考價值。茲依本文論述主軸「臺灣參與 TPP／RCEP 對勞工影響

分析」、「TPP 與 RCEP 之勞工議題」及「勞工議題對臺灣的影響與因應之政策建議」提出回應與學者及先進一同討論。

壹、有關臺灣加入 TPP／RCEP 對勞工影響分析部分

一、臺灣自然人移動議題立場與政策之現況說明

（一）臺灣於 2003 年為加入 WTO，針對自然人移動部分，已承諾開放外籍商業訪客、跨國企業內部調動專業人員、以及在臺無商業據點提供服務之履約人員，得來臺進行商務活動或從事工作。

（二）按臺灣開放引進外籍專業技術人士係為因應國內專業人才之不足，為明確界定來臺提供服務之外籍白領人士具專業知識，臺灣已明定來臺提供服務之專門技術人士應符合一定資格規範（如：薪資需達新臺幣 47,971 元及大學畢業以上需有 2 年工作經驗），另雇主亦需符合投資金額、營業額、代理佣金或進出口實績達一定數額以上，且需經許可後始得來臺提供服務。

（三）另各國為提升競爭力，均積極招攬優秀國際人才，並在平等互惠前提下，對等開放部分外籍專業技術人士入境提供服務。為促進臺灣經濟發展及延攬國際優秀人才，對於締約對等開放國家，本部不會任意啟動經濟需求檢測及數額管制之機制。但為保障臺灣勞工就業權益，仍保留經濟需求測試之權利，得視未來國內就業市場之情況，彈性管控（例如：提高薪資門檻）。

（四）依據 2014 年 4 月份統計數據顯示，外籍白領人士在臺 2 萬 7,676 人，僅占臺灣整體就業人口 1,104 萬人之 0.25%。故整體而言，在各國平等互惠皆開放下，臺灣有限度開放外籍白領人士來臺提供服務，不致對於國人就業造成影響。藉由本協議之簽署，延攬更多專業人員來臺，補充國內專業人員之專業技能不足，提升國內產業競爭力，進而擴大臺灣相關專業服務人士之就業機會。

二、因應貿易自由化相關輔導與協助之現況說明

為協助受貿易自由化影響事業單位勞工穩定就業及再就業，因應貿易自由化就業協助計劃於振興輔導策略針對加強輔導型產業、可能受影響、受衝擊及受損產業事業單位及其勞工（以下簡稱受影響事業單位、受影響勞工），主動提供就業服務、諮詢及職訓訊息、協助受影響事業單位資遣通報及協助失業勞工辦理失業給付、受理受影響失業勞工求職登記，辦理就業諮詢，推介就業或安排職業訓練、運用各項就業促進工具，協助受影響勞工就業。

於體質調整策略提供在職勞工薪資補貼、失業勞工求職交通補助金，搬遷補助金、租屋補助金、臨時工作津貼、僱用獎助、待業生活津貼及就業獎助津貼等就業促進方案。

三、建議增加各類別及層次勞工之細部分析

該部分有一半篇幅以上談論加入或不加入自由貿易協定，對產業及就業機會之影響，進而推導加入 TPP 與 RCEP 能帶來整體經濟就業正面效益，最後一段並強調加入 TPP 與 RCEP 後，商務及專業人士的移動對國內就業影響十分輕微。

章節篇名為「對勞工影響的分析」，惟內容似以強調加入 TPP 與 RCEP 能帶來經濟正面效益為方向，鮮少呈現對勞工帶來哪些實際影響問題，這些影響對社會結構造成何種解構，哪些地區或類型的企業、勞工受衝擊的程度最大，這些更細部與實際的因果關係、結構變動及發展脈絡均是環環相扣，也是我們想瞭解的實際問題，才能協助檢視所提出的對應解決策略是否切入問題核心。因此如能舉例兩個以上國家，加入 TPP 與 RCEP 後對該國勞工的實際影響案例，對照檢視臺灣是否也發生類此情形，應有助我們對影響的面貌有所理解與想像。

四、建議以產業結構類別分析，找出可能影響的變動脈絡

該章節以中華經濟研究院以「全球貿易分析模型」（GTAP）量化分析總體經濟影響評估，以製造業、服務業及農業論述總體就業影響，如文中談到「加入 TPP 與 RCEP 對臺灣製造業和服務業均有顯著正向效益」。惟這些經濟分析仍無法使我們看見問題所在，造成經濟學上所稱「分割的謬誤」（fallacy of division），[1] 建議可依主計處「中華民國行業標準分類」所分 19 大類，[2] 其中是否有哪幾類歸類於製造業或服務業的行業，其勞工可能受到較農業更大的衝擊，並交叉比對影響程度較大之縣市，分析此對臺灣勞工內部移動之可能情形，或以時間縱軸分

---

[1] 分割的謬誤，是指誤認對總體是對的，對個體也一定對。例如，總體經濟學中物價上漲，不見得某物的物價上漲。

[2] 依第 9 次修訂版，分為 19 大、89 中、254 小、551 細。例如，大類有「農、林、漁、牧業」、「礦業及土石採取業」、「製造業」、「電力及燃氣供應業」、「批發及零售業」、「專業、科學及技術服務業」、「教育服務業」、「醫療保健及社會工作服務業」等等。

析，這些行業之衝擊對未來勞動力會有哪些結構影響，以研提因應策略。

五、建議增加在地化產業分析

該章論加入 FTA 對勞工之影響，是否有哪些產業或行業之勞工，較不受此全球化經濟之影響而能穩定發展？

貳、有關 TPP／RCEP 所涉之勞工議題專章或關注事項分析部分

一、目前東協國家勞工來臺均從事體力工作，屬藍領客工工作，與專業技術人員之自然人移動議題無涉。

二、又現行臺灣由 RCEP 成員之東協國家所引進藍領勞工，包含印尼、菲律賓、泰國及越南等 4 國，為保障該等勞工之權利，臺灣已建置入國前、入國後及出國前之完整保護體系。例如：規定外籍勞工入國前應與雇主及仲介簽署工作費用及工資切結書，載明收費項目及金額，經外籍勞工來源國勞工部門驗證，以作為入國後臺灣地方勞工主管機關檢查之依據，入國後雇主不得為不利益於外籍勞工之變更。並設置外籍勞工機場服務站，提供入國接機服務與通關；另設置 1955 外籍勞工 24 小時全年無休免付費雙語 1955 諮詢保護專線提供外勞申訴諮詢服務。外籍勞工出國前，如有相關申訴或勞資爭議案件，可向本會外籍勞工機場服務站申訴，服務站受理申訴後，將依案件轉介地方政府後續查處。爰臺灣對於所引進之藍領勞工已有完整權益保障。

參、有關勞工議題對臺灣的影響與因應之政策建議部分

一、本部已於官網建置「因應貿易自由化就業發展與協助專區」，提供勞工因貿易自由化失業或提升職能所需協助，亦曾邀請工會團體辦理因應貿易自由化相關座談會議，另行政院核定「因應貿易自由化產業調整支援方案」，以振興輔導、體質調整及損害救濟等策略，協助可能或受因貿易自由化衝擊產業及勞工，是否就上述已執行之作為，提供具體改善建議。

二、就本文所提及之政策建議中「針對企業及就業勞工應規劃不同輔導與協助措施」乙節，本部對於國內受貿易自由化影響產業之事業單位及勞工，皆基於「打預防針」之立場持續輔導各產業從業人員參訓，以提升其工作知識技能與就業能力，並協助事業單位發展人力資本，持續提升勞工職場能力，以穩定就業及促進再就業，自 2011 年起即實施「充電起飛計劃」，以協助受影響產業之事業單位及其勞工強化技能以因應貿易自由化之影響。

三、就本文所提及之政策建議中「針對 TPP 所可能涵蓋的勞工議題，檢視臺灣勞工法律與實施情形」乙節，TPP 談判內容涉及多項勞工議題之討論，臺灣雖尚未加入談判，但身為跨太平洋地區之國家，相關勞工法規若能符合 TPP 要求之勞工保障規範，將有助於展現臺灣積極爭取加入 TPP 談判的決心。勞動部前已就臺灣保護勞工基本權利之相關法律（規）與國際勞工組織（ILO）核心公約標準進行檢視，相關內容尚符合國際標準之勞工保護規範，以臺灣未曾批准之 ILO 第 29 號（禁止強迫勞動公約，Forced Labour Convention）而為例，

臺灣勞動基準法即已明定：「雇主不得以強暴、脅迫、拘禁或其他非法之方法，強制勞工從事勞動」。另外籍勞工在臺工作亦適用臺灣相關勞動法令，臺灣勞動基準法及就業服務法針對強迫勞動皆有明文禁止，爰外籍勞工同受臺灣相關法令保護。又為落實勞動基準法規定，督促事業單位確實遵守法令，勞動部每年積極與各級勞工行政主管機關合辦「勞動基準法令宣導會」，2013 年辦理 21 場次，共計 2,354 人參加。此外，為落實就服法規定，勞動部亦訂定相關措施如：（一）加強對雇主宣導防制人口販運理念，以保護外籍勞工人身安全與工作權利。（二）強化對外籍勞工宣導防制勞動剝削人口販運資訊及諮詢申訴求助管道。（三）協助安置遭勞動剝削之外籍勞工，重建其生活。

另有關美國過去歷年對臺灣實踐勞工人權之觀察意見並非全然正面部分，雖目前仍無法斷定臺灣是否會被要求實施美國所提出的各項勞工權利，但勞動部仍積極就現況問題持續研擬方案並進行諸多之改善。如對於勞工薪資偏低及超時工作部分，除了從調整並升級產業結構需求面處理外，也積極協助勞工增強職能，使其專業和技術跟上時代腳步。今年勞動部已成立「職業安全衛生署」除行使勞動檢查之公權力外，亦透過宣導、輔導及補助等多元減災策略，協助中小事業提升安全衛生水準。勞動部職業安全衛生署自 2007 年起推動「勞工安全衛生在地扎根（蒲公英）計劃」，迄 2014 年 1 月累計輔導達 4 萬 7,716 家，計 107.4 萬名勞工受到照護，經輔導之廠場職災千人率已從 5.89 下降至 4.06（降幅 31.1%）；另補助中小事業改善工作環境案件累積 1,862 件，金額合計達 1,640 萬元。勞動部職業安全衛生署刻正規劃分

區成立安全衛生輔導站，就近協助風險特殊或專業能力不足之中小事業改善工作環境，以建構全國性之中小企業安全衛生服務網絡。此外，今（2014）年勞動部更力推「工作與生活平衡計劃」，鼓勵業者改變觀念，讓勞工充分休息，進而提升工作效率。

未來臺灣如能即時與國際規範水準同步檢視勞工法令，並掌握臺灣內勞資團體對於 TPP 之立場與意見，對臺灣推動加入 TPP 談判將有實質正面之助益。

四、TPP／RCEP 之簽署，並無涉及開放藍領勞工入境工作之議題，就建議對於自然人移動與移工權益保障之議題，本部將透過臺灣與印尼、越南、泰國及菲律賓雙邊勞工會議，討論相關議題。

五、透過參與區域整合或簽署 FTA 之議題，使吾人省思，全球化競爭已無法逃避，產業及勞工的陣痛也無可避免，是故應重新反思臺灣產業發展之定位，加強結合在地產業各種資源，發展在地文化、特色、經濟為一種獨特的產品，以「在地化」策略因應全球化衝擊；另一方面，當在地化產業發展出獨特產品，可乘全球化浪潮，朝「在地全球化」（logloblization）發展，也就是在其他國家可購買到臺灣之在地特色產品。建議可增加論述此部分之政策建議。

肆、結語

參與區域整合或簽署 FTA 為臺灣政府之重要政策，本文以總體經濟分析為主軸，論述對勞工之影響；惟整體似過於概括性論述，較少呈現出實務上受影響的勞工問題，建議可再做更細

部與分類之分析及論述,解構貿易自由化對勞工的影響,方有助瞭解現況以研擬政策;多數內容以蒐集或援引文獻為主,建議可再增加作者對國內及國外現實狀況之觀察與意見。另目前 TPP ／RCEP 成員國對於自然人移動之內容目前均未明顯揭露,難以掌握具體內容,僅能就成員國已簽署之雙邊協定,作為評估基礎,建議透過學術管道,取得相關資訊,以助於瞭解現況並進而研擬因應政策。

臺灣在亞太地區的經貿發展扮演積極角色,具有參與 TPP ／RCEP 的高度意願與決心,勞動部將配合國家政策,積極推動加入 TPP ／ RCEP,視需要在市場開放、勞工權益等方面提出相關配套措施,因應加入 TPP ／ RCEP 後,對臺灣產業所產生的衝擊做好充分準備,逐步落實臺灣推動進一步自由化及參與 TPP ／ RCEP 等協定的政策目標,並使談判結果能符合我方需求,並有助臺灣家經貿發展、勞動合作及勞工利益。

捌 勞工

回應

戴國榮
全國產業總工會秘書長

壹、前言

　　政府於 2011 年鑒於區域整合已為當前國際間重要潮流，提出「黃金十年」國家願景計劃，並將「開放布局」列為施政主軸；亦或馬總統於今（2014）年 1 月，在元旦文告中，進一步闡明政府將以「雙軌並進」、「全民同心」之方式推動臺灣加入跨太平洋夥伴協定（TPP）與區域全面經濟夥伴協定（RCEP）。惟迄今工會反對全球化、反對自由貿易的立場，依舊堅定。因為「全球化」造成臺灣勞動市場因國際整體勞動環境而產生的激烈變動，已對國內勞工就業安全、職場安全及退休安全產生重大影響。再者，勞工對於推動「經濟自由化」普遍存在著「實質工資持續倒退、勞動條件進一步惡化，以及社會貧富差距不斷擴大」等諸多疑慮及負面觀感，除非政府能夠「說明清楚政策主張，提出具體因應配套，做出有效承諾保證」，否則，在「資強勞弱」的勞資不對等現實中，工會基於保護本國勞工的立場，必須採取抗拒與

不合作的態度,反對「經濟自由化」對臺灣勞工造成更嚴重的剝削,而這也是工會不得不採取的策略作為。

貳、臺灣參與 TPP／RCEP 對勞工影響之建議

一、政府應針對簽訂 FTA,或加入 TPP 及 RCEP 可能對國內產業造成的衝擊及勞工就業的影響,提出詳實的影響評估報告和具體可行的因應策略及配套措施,期讓社會各界充分瞭解,並應廣納建言,致力化解社會分歧。

二、勞動部應具體說明事項如下。

（一）如何執行「因應貿易自由化勞工就業發展與協助方案」,以保護臺灣勞工因貿易自由化受影響的權益？

（二）對於產業無法升級、轉型,而無法營運之企業勞工適用「轉業及再就業的五大協助措施」,其認定標準為何？

三、針對中華經濟研究院在今（2014）年 5 月依據全球貿易分析模型（GTAP）所進行之最新量化評估內容,提出建議如下。

（一）進一步說明臺灣加入 RCEP 前後之影響,例如未加入 RCEP 之影響,包括實質 GDP 與產值的衝擊、總就業人數約減少 20 餘萬人次、製造業與服務業總產值減少;以及加入 RCEP 後,製造業就業需求估計可增加超過 10 萬人次;另外可帶動超過 20 萬人次在服務業的就業機會之評估方式及統計數據。

（二）說明因加入 RCEP 後主要受創產業（農業及其加工製品）減少之產值、影響就業人次之統計數據,以及政府擬採取之因應政策,包括輔導產業轉型及勞工轉業具體措施。

四、加入 TPP 與 RCEP 既對臺灣製造業和服務業均有顯著正向

效益,包括帶動臺灣貨品與服務出口,提升國內總產值及對於創造就業機會將有明顯助益,建議將上述正向效益予以量化,並提出具體統計數據。

參、TPP 與 RCEP 勞工議題之建議

一、建構社會對話機制,凝聚國內三方共識

國際勞工組織(ILO)在 1919 年通過三方對話機制(勞資政三方架構),正因該機制充分發揮資訊透明、對稱的功能,及達到有效溝通的正面效果,迄今蔚為世界潮流。因此,工會基於政府「政策」不僅影響企業獲利,更影響廣大勞工生計的立場,建議政府應仿效 ILO 模式,建立具決策性功能的全國層級社會對話機制,讓勞資政三方能透過該機制理性協商相關勞動及經濟政策,期有效避免因政策執行疑慮造成的勞資對立與衝突,共同追求國家經濟成長、產業發展利益及確保勞動人權。

二、國際協議有關勞動議題,應事先徵詢工會意見

國際勞工組織(ILO)支持且呼籲世界各國於進行自由貿易協定時,應參考國際勞動憲章、工作基本原則與權利宣言,以及國際勞動公約,制訂雙方都能遵守的勞動條款(標準),因此,縱使臺灣並非 ILO 會員國,仍應與國際接軌。尤其,目前國際間於簽訂 FTA 或 TPP 時皆已將勞工議題列入談判及規範的範圍,政府應廣泛蒐集相關資訊,並事先徵詢相關工會意見,期在談判與諮商過程中,確保臺灣勞工最大利益。

三、有效協助受衝擊產業,確保勞工就業權益

針對加入 TPP 與 RCEP 將遭受衝擊的特定弱勢產業(農業、

勞力密集製造業等），政府應積極投入資源進行產業創新與多樣化，並對其企業及勞工規劃不同的輔導與協助措施，以協助企業轉型及輔導產業勞工就業，降低市場開放造成之負面影響。

四、加強保障臺灣各產業勞工組織工會，行使集體協商之權利

面臨貿易自由化趨勢，政府應積極協助以中小企業為大宗之產業（例如服務業）勞工組織自主產業工會，使其得藉由組織及加入自主工會，透過工人團結與勞資協商，降低貿易自由化所帶來之衝擊，以保障自身勞動權益。

肆、結語

世界各國透過國際貿易金融組織，以及多雙邊貿易投資協定（包括 FTA、TPP 及 RCEP 等），進行貿易國際化、自由化的結果導致勞動派遣的大量增加，而價格低廉的勞動派遣不僅衝擊了國內產業勞工的就業機會，更讓國內勞工長期陷入了「低薪化」的困境，導致社會貧富差距持續的擴大。面對如此不友善的勞動環境，廣大勞工朋友最關心的是政府如何解決現階段「低薪化」的問題？！勞工朋友最在乎的是政府施政能不能讓勞工未來生活變得更好？！例如，近日政府為鼓勵企業加薪，提出了「員工加薪、企業減稅」的措施，政府施政方向是對的，但政策成效如何尚有待觀察，而勞工衷心期待政府能拿出可長可久的治本政策，而不是短期的治標方法。其次，政府應該認真思考並釐清造成社會「低薪化」的內外部因素，才能對症下藥，有效解決問題，以減少民怨。例如全球化是造成臺灣「低薪化」的外部因素，而內部因素則建議政府應就「產業轉型」及「人才培育」二方面思考：

一、產業轉型：國內服務業就業人口已超越傳統產業，成為職場主力，但目前以從事低技術、低附加價值及勞力密集者居多，以致薪資不高。因此，政府應積極輔導國內產業轉型（產業結構轉變），將服務業提升為高附加價值的產業，發展高端的服務業，譬如文化創意產業、金融業等等，創造高階人力需求，才能解決青年人低薪化的問題。

二、人才培育：現行的教育體系是否做到產學無縫接軌；培養的人才是否符合產業需求；個人專業是否擁有關鍵能力；是否具備國際競爭力等等，這也是臺灣年輕人可不可以擺脫「越窮越忙」困境的關鍵因素之一。

政府存在的目的，在於創造人民福址，改善人民生活。所以，政府必須嚴肅面對全球化（簽訂各種自由貿易協定）的問題，提出前瞻性的因應策略，竭盡所能在貿易自由化過程中保護本國勞工權益，降低對產業及勞工就業的衝擊，以及減少對國內未來勞動市場的影響，許臺灣勞工及即將邁入職場的年輕人一個有希望、有勞動尊嚴的未來！

玖 政策建議

結論與建議

簡明哲
國立臺北大學經濟學系副教授

壹、TPP、RCEP 與臺灣經濟發展

一、提升工作小組層級以強化各部會意見協調與整合之功能，正視臺灣經貿進行體制性改革之急迫性與必要性

臺灣加入 TPP 與 RCEP 除牽涉行政院下各經貿部會外，更與兩岸、外交及國安等屬總統職權之事務息息相關，建議將現有設於行政院下之工作小組提升至總統府下層級，除用以宣示政府加入兩協定之決心外，透過總統府層級工作小組之定期會議，以有效統合各單位及部會之意見，建立更多元廣泛且全面性的 FTA 影響評估機制，統一指揮與協調系統以研擬具體入會策略，加速融入亞太區域經濟整合。

臺灣之經貿體制在 2002 年正式加入 WTO 後只有微調未見大幅改革，造成臺灣經貿體制與國際間區域經濟整合後之國際經貿體系新趨勢產生相當程度落差，新的國際貿易遊戲規則逐漸浮出檯面後，各方對於會員間經貿法規之調和日趨嚴謹，故政府對

於臺灣經貿體制之改革絕不能等閒視之，更不宜有得過且過之心態，以免走向自我邊陲化之危機。在這波亞太區域網路之建構過程中，臺灣因無法事先參與 rules making 早已落入 rules followers 行列，因此未來政策與法規之調和應著重在與國際接軌，作個好的 rules follower。

二、積極回應美國歷次在 TIFA 會議所提問題，增加臺灣加入 TPP 的機會

臺灣應將重點放在藉由檢視 TPP 各會員國相關 FTA 自由化的程度，預先準備臺灣在談判時會遇到的談判難關，做為進一步鬆綁臺灣經貿法規的標準，落實做好開放市場的準備。其中，美國及日本 GDP 占 TPP 會員國的比重九成多又是臺灣主要貿易夥伴，政府應當列為重要研究國家，針對其簽署的 FTA 內容，進行分析與整理，提出美日談判時的重點，並針對臺美 TIFA 一直無法突破的產品，諸如美國牛肉進口等，做好談判之前的準備工作。

因中國大陸在亞太區域經濟整合之重要性及兩岸關係之特殊性，TPP 雖歡迎亞太地區有興趣的國家加入，但在大陸是否加入 TPP 未明朗化之下，臺灣想要立即加入 TPP 談判並不容易，因此為提高臺灣儘早加入 TPP 之機率，臺灣有必要掌握中國大陸的亞太區域經濟整合主張之動向，做為臺灣加入亞太區域經濟整合之決策考量之一。

三、儘速推動臺灣加入 RCEP 並推動以外圍經濟夥伴方式直接加入 RCEP 多邊談判為最短路徑為目標

RCEP 將開放其他外圍經濟夥伴於 RCEP 完成談判之後加

入，若 RCEP 內部並無阻撓臺灣進入 RCEP 的反對力量，臺灣將有可能在 2015 年接受 RCEP 談判完成的開放條款及條件後，透過 RCEP 加入東亞區域整合之中。因此，臺灣應儘速於 2015 年 RCEP 完成談判前，推動臺灣加入 RCEP，並儘速掌握 2015 年 RCEP 談判完成後之外圍經濟夥伴參與條款之發展，推動以外圍經濟夥伴方式直接加入 RCEP 多邊談判為最短路徑為目標。

四、儘速與 TPP 及 RCEP 參與國推動雙邊 FTA 談判並積極培育談判人才

為了加快融入區域經濟整合的腳步，臺灣應儘速繼續與 TPP 及 RCEP 參與國推動雙邊 FTA，俟 TPP 或 RCEP 談判完成後，臺灣也透過簽署雙邊自由貿易協定方式，使國內經貿法規與國際接軌，以有助於提高臺灣加入 TPP 及 RCEP 的機率。面對未來各種可能的經貿談判事務，政府應重新設計一套能落實「訓用合一」的談判人才培訓制度，長期栽培與儲備國家經貿談判人才。

建議以高野心的 TPP 為國內盤點、改革準備之標竿，積極進行解除管制與體制改革的相關工作，體制改革與法規調和都應該讓公民社會有參與表達意見之機會。過去以國家為主體以部門別推動之所謂堆積木策略，績效不明顯且緩不濟急，建議建構另一型態國家別的「新堆積木策略」，積極加速推動個別國家之雙邊 ECA，特別是本身以同時是 TPP 或 RCEP 之重疊國家優先，以收堆積木之效益。

五、持續深化兩岸經濟合作並尋求兩岸共同參與全球及東亞區域經濟整合的可行途徑

臺灣應持續深化兩岸經濟合作並加快 ECFA 後續談判腳步，

儘速促成海峽兩岸服務貿易協議之生效及貨品貿易協議之簽署，以降低臺灣經濟受到未加入 RCEP 及中韓 FTA 的負面衝擊。充分利用兩岸經合會既有機制，持續去除兩岸貿易及非貿易障礙；重新檢視大陸已簽署之 FTA 開放內容以及 CEPA 已開放之服務貿易內容，積極爭取開放大陸市場給臺灣；建立兩岸貨品貿易及服務貿易障礙反應機制，降低廠商單打獨鬥所遇到的市場風險；爭取大陸擴大試點合作業別與區域，以擴大兩岸產業合作。兩岸應持續促進兩岸經貿正常化與自由化，並利用兩岸經濟合作，進一步尋求共同融入全球及東亞區域經濟整合的途徑。

六、持續支持 APEC 推動 FTAAP，運用推動 FTAAP 的過程，推動臺灣加入 TPP 及 RCEP

臺灣應持續支持 2010 年亞太經濟合作會議（APEC）領袖宣言提到的：「亞太自由貿易區（FTAAP）是 APEC 邁向區域經濟整合的主要手段，FTAAP 將藉由 TPP、東協加三、東協加六等自由貿易協定，以及 APEC 貿易目標相關工作，達成廣泛自由貿易協定的目標。」運用臺灣已經是 APEC 會員體的身分，藉由推動 FTAAP 的目標，適時加入 TPP 及 RCEP。

七、建立更多元、廣泛且全方位的FTA影響評估機制、救濟措施及溝通管道，並儘速做好臺灣農產品開放的談判原則

洽簽 FTA 雖然對臺灣整體經濟有利，然而仍有產業因而面臨競爭與衝擊，為降低產業受損情形及抗爭事件，政府應在事前加以因應。舉例而言，有鑑於臺灣農產品、動物產品及加工食品平均關稅均高於 TPP 及 RCEP 該類平均關稅之下，可以預期臺灣

加入 TPP 或是 RCEP 後，臺灣農業將受到若干衝擊，必須及早因應。政府應持續全面檢視臺灣農業國際競爭力，並決定其農業開放策略，降低如美韓 FTA 簽署時或是日本加入 TPP 談判時所爆發抗爭事件之機率。

後學運時代，政府對於自由化政策的意義及影響評估，必須擴大深度及廣度，除需包含傳統的經濟／產業影響分析外，更應包括對社會之影響評估如對貧富差距、社會公平、教育及醫療等的衝擊及對環境影響評估如對自然資源及環境影響，甚至需對「國家利益評估」如經濟安全及文化影響等分析面向，以利各界掌握入 TPP 及入 RCEP 之必要性、迫切性及影響性。

特別要評估與預防在這些巨型 FTA 生效後，若臺灣不能及時參與時之可能延伸衝擊或代價，包括傳統合作夥伴的更迭、產業供應鏈被取代、傳產更加快速外移等，避免臺灣內部出現第二波的產業空洞化危機。特別是中韓 FTA 對臺灣在大陸產業供應鏈所產生之衝擊勢必更大且立即，政府應儘速與產業界溝通設法研擬因應對策。

政府另應迅速設計全面性的因應自由化救濟措施及建構一套合理的涉外及內部溝通機制，以事前溝通取代事後之政策說明，並加強整體溝通網絡之建構，無論是產官學界或國會溝通，應配合網路世代的影響力，擴大及強化政府政策之文宣工作。

八、及早化解美國政府對臺灣所關切之議題，協商兩岸於國際經濟之互動模式，有效率的回應各國在雙邊架構下的關切

正視並及早化解美國政府提交國會《2014 年貿易政策議題報告暨 2013 年檢討年報》中對臺灣豬肉瘦肉精、蔬果農藥遲未制

訂最高殘留值、稻米配額招標問題、食安管理法標示要求、外資審查的不確定性、政府採購及智財權保護等關切問題。

面對中國大陸領導人對臺國際參與表達所謂的「合情合理之安排」的立場，政府應積極透過對話，尋求陸方以不同之方式或在不同之場合釋出善意，改變中國大陸所設定之「先兩岸、後區域」大前提及兩岸於經貿組織之「WTO」模式（先中後臺）或「APEC模式」（兩岸一起）。RCEP談判遊戲規則所確立的「共同減讓」之談判原則，挑戰兩岸經貿關係「WTO化」之問題，政府亦應正視與提早因應。

在爭取各國支持時應有效率的回應各國在雙邊架構下之關切，以展現臺灣推動體制面改革及自由化之決心。市場開放面應針對產品別確定爭取保留及開放之優先順序，對臺灣有利之品項（包括服務業別）只要對臺灣有利者應先開放，其他開放涉及利害交換者，則不妨留作未來作為談判之籌碼。相關法規及體制面改革之工作不涉及修法者應儘快先行，尤其面對臺灣未來僅能以rules follower的身分參與談判，保留沒有價值的所謂「談判籌碼」不僅無意義，且會延宕我體制與國際接軌的腳步。

貳、加入TPP／RCEP對臺灣金融業的影響及其因應

一、成立金融機構整併專案小組並放寬相關併購法規的限制

為展現政府推動官股金融機構整併之決心，財金部會應儘速共同成立官股金融機構整併專案小組，專責推動官股金融機構整併之任務。建議由官股主管機關財政部主導專案小組之運作，金

管會與央行則從旁提供專業諮詢與協助，藉由專案小組的成立及工作推動，避免多頭馬車各行其是，徒讓公併公政策流於口號而無實質進展。除了落實公併公政策外，專案小組亦應重新思考官股行庫之管理方式與政策，甚至發展成為官股金融機構未來策略聯盟之平台。

在不違背金融機構整併之「依照市場機制、依循法令規定及符合大眾利益」三原則下，政府應建構明確的法制與審查原則，對於財務業務健全、遵法情形良好之金融機構申請整併案件，應樂觀其成並積極予以協助。同時，為協助國內金融機構發展成為跨國區域型金融機構，建議主管機關應全面檢視現行不利金融機構整併的法規限制及審查標準，配合金融產業情勢發展適時檢討與修正。

二、鬆綁跨國經營法規限制

為因應金融市場快速變化，建議政府繼續以積極開放、鼓勵創新之立場，在兼顧風險控管前提下，大幅鬆綁相關法規限制，協助金融業者拓展業務，提升整體金融產業之競爭利基。隨著臺灣加入 TPP 或 RCEP，金融業對外投資的機會也將大舉增加，然礙於相關法規的規定，臺灣金融機構對外投資受限仍多，應適時鬆綁。以銀行業跨國投資、設立海外分支機構為例，臺灣金融機構國外分行配合當地金融法規與商業習慣辦理之各項銀行業務，如有不符臺灣金融法令規定者，應事先報主管機關核准。但就業務開發的角度來看，這其實是自我設限的規定，造成臺灣金融機構在跨國經營及投資活動上反被限縮，建議考慮修正為優先適用海外分支機構當地國之法令。

三、以開放與創新提升金融競爭力並積極落實「金融進口替代」策略

　　近年來研究指出臺灣的金融業發展較為遲滯,其主要原因之一是政府與業界之防弊心態勝於興利,導致政府法規鬆綁較慢、業界金融創新不足,市場缺乏具有吸引力的投融資工具及金融商品,以致資金流向海外尋求更高報酬的投資機會。面對即將加入 TPP 或 RCEP 之際,為更有效率的運用臺灣的超額儲蓄、為發展臺灣成為國際金融中心,建議政府與業界應多師法新加坡與香港,於政策上勇於鬆綁法規、鼓勵商品多元化,於商品上致力於金融創新、積極培植金融研發人才,並積極落實推動中之「金融進口替代」策略,以利國內金融機構的國外投資能移回經由國內金融機構辦理,以滿足國內需求。

四、落實金融雙翼監理原則

　　金融海嘯後,國際監理思維趨嚴,對於屬高度監理之特許金融產業,多特別強調審慎監理及加強消費者保護。政府在審慎監理的思維下,多採取正面表列或事前核准的監理方式,造成金融業者在拓展業務或進行轉投資活動時,常需事先報請主管機關核備,加上主管機關對於法令多採取較嚴格解釋,使得金融業者在開發新型業務與商品時處處受限。

　　未來臺灣加入 TPP 或 RCEP 後,面對更開放的市場及更多的競爭者,建議政府在落實金融雙翼監理原則下,一方面對金融業務採持續鬆綁與積極開放,另一方面也同時要求金融機構強化守法、守紀律、重視風險管理並保障金融消費者權益。實際運作上,應擴大現有 OBU、OSU 辦理外匯業務或衍生性金融商品納入負面表列之監理精神,儘速思考修訂法規多採負面表列的監理

方式,並搭配合理的監理標準,以利業者遵循,或以指標的方式進行控管以取代人為監理。

五、加強對 TPP 及 RCEP 與各國金融市場進行研究,提升對外談判能力

區域性經濟合作已是全球發展趨勢,政府除應繼續對於 TPP ／ RCEP 與各國金融市場資訊進行研究並積極檢視臺灣法令、市場開放程度與國際間之差異,推動自由化法規鬆綁等相關措施外,對於國際金融談判人才的培育及對外談判能力的提升應特別重視,包括加強對 TPP 及 RCEP 成員國金融服務貿易發展方向的研究,以及應事先針對談判的領域及範疇進行深入分析,做好相關政策的影響評估,以掌握談判對手國的資訊並善用自身的優勢,為臺灣金融業爭取更為有利的國際發展空間與競爭條件。

六、重新思考與研議開創性金融政策

隨著全球化及國際金融環境的快速變遷,臺灣的金融產業必須有突破性的作為才能在嚴峻的市場競爭下保有一席之地,建議政府應重新思考與研議部分開創性金融政策,例如:專案研議如何積極推動深具市場潛力的伊斯蘭金融、重新思考現行產金分離政策並放寬金融機構的投資,但不經營特定產業、在不動用央行外匯存底前提下,思考如何透過整併各大基金之金融手段成立國家主權基金等。

參、加入 TPP／RCEP 對臺灣工業的影響及其因應

一、凝聚支持經貿自由化的國內共識

近 20 年來臺灣許多大中小型企業或產業，基於追尋低成本、大市場、寬鬆環評、乃至於國際分工供應鏈及國際區域 FTA 互惠等原因，早已部分產能外移出走，臺灣工業正處於不進則退、唇亡齒寒，企業面臨生死存亡能否永續經營之困境，亟待國人凝聚共識。

TPP 與 RCEP 政府都應全力以赴，在美國與大陸雙強間取得平衡，臺紐、臺星協議雖對臺灣推動參與 TPP 和 RCEP 具有里程碑的意義，但太陽花學運事件卻重創了臺灣經貿自由化的時程，政府應確實面對未來談判可能面對的開放問題，確立談判目標及達成目標必要的調整和因應計劃，否則將難以讓其他貿易夥伴感受到臺灣具有開放的決心和參與 TPP 和 RCEP 的企圖心。

相對於歐美各國，現階段臺灣反國際化、反全球化、反失業現象還在初步階段，因此政府應把握時機，多與年輕人、受衝擊企業、弱勢產業溝通，且無論在管道及平台上都要更多元多樣多面化。建議政府善加利用電視、網路平台，透過優質的節目規劃與設計，定期與社會大眾、大學校園知青、下班電視機前的中產階級家長等進行廣泛而直接的溝通，儘速凝聚支持經貿自由化的國內共識。

二、積極面對與解決臺美談判障礙與對大陸不公平對待之問題

美國是 TPP 中最具影響力的成員，政府應盡最大的外交努

力，力求在臺美 TIFA 談判中，依平等互惠原則有效解決豬肉進口、農產品的殺蟲劑和農業化學品科學標準的 MRL 與健保藥價制度等美方關切議題之障礙，讓美方公開表示「支持臺灣參與 TPP 談判」，另建議政府應提早思考及因應大陸以 WTO 會員國身分年年指訴臺灣仍禁止大陸 2,000 多種產品入臺的不公平對待。

三、建構產業合作網路拓展區域市場

在全球區域整合趨勢下，FTA 要做到 90% 以上工業產品零關稅（TPP 要 95% 高標準，美韓 FTA 高達 98%）非常不易，面對外湧內沸的競爭與情勢，政府應積極與臺灣各產業公會溝通，並在政策上協助企業漸進式的調適、因應、轉型及改良。政策上應盡量避免價差及現金補貼，因為補貼的終站是外力獲利且遙遙無期，造成長期弱勢沒變，補助款項只增不減。

臺灣除了參與 TPP 和 RCEP 以出口主力產業爭取雙方對等互惠開放市場、創造出口機會之外，也應結合產業公協會、政府單位及智庫的力量，對於 TPP 和 RCEP 成員國之重要產業領域進行產業與技術合作，構築多邊合組的工作平台，形成互利互補的合作機制，唯有建構在 TPP 和 RCEP 區域市場的合作網絡，才能維持供應鏈優勢。

四、提出「主動調整」的積極產業政策

在參與 TPP 和 RCEP 時，除了對於敏感產業爭取採分年開放方式，避免立即降稅對產業之影響外，政府雖已核定「因應貿易自由化產業調整支援方案」並編列新臺幣 982 億元用在善恤，但此方案若限定必須是「因簽訂區域貿易協定（含 ECFA）受衝擊

的產業」才能提供輔導，恐有災後分粥「嗟來食」之疑，除無法平息外界及受損者的疑慮，可能引發更多「分粥」的爭議，徒增如何公正合理分配問題。

政府應寬鬆限制，針對可能受影響及已經提出申請的農工產業提出「主動調整」的積極產業政策，加速推動企業轉型與創新的營運模式，提升其面對競爭的能力並消除疑慮。近期政府以抵稅手段之法規誘因要求企業加薪，不符租稅的公平正義，且效果有限，僅惠及原已獲利匪淺的企業以及部分最基層勞工，影響社會觀感，建議政府重新檢討科技產業之外勞政策，研擬時程逐漸刪停外勞，讓各產業之勞動薪資得以回歸市場供需機制，可望能儘速改善臺灣工業薪資條件、降低失業率。

五、政府應主動向「不對等關稅」受損的「相對負面清單」產業企業說明

不論是已簽行的 ECFA、臺星、臺紐及南美友邦國等或未來可能加入的 TPP、RCEP 及其他組織等，政府應提早且主動向不對等關稅受損的產業企業說明原委，這是負責任政府的基本要求。舉例而言：臺澎金馬的輪胎簾布入大陸之關稅 10%，而大陸的輪胎簾布入臺則享用 ECFA 的零關稅，雖談判必然互有損益，但政府有義務讓受害產業提早知道衝擊與影響以為因應。

六、建立產業及時防衛機制

政府應重視產業防衛機制的自動反映與及時處置，包括臺灣產業淺碟型容量的設算、聯合壟斷、低價操弄、數量傾銷、商品標示（原產地及成分比）、食檢安檢、叫停、仲裁、商標專利仿冒等，應建立機制展開全面防衛。其中，總量設限比反傾銷有效，

一來適用小國,二來傾銷調查半年緩不濟急,其三懲罰性關稅是針對特定國特定企業非指整體產業,因此特定企業被點名高關稅後,可以轉手或委託另一同業企業,照樣得以互惠低關稅「清兵入關」。

七、研擬「在地全球化」策略

政府相關部會應重新思考臺灣的產業發展定位,建議加強結合在地產業各種資源,發展在地文化、特色、經濟成為具在地特色之產品,以「在地化」策略因應全球化衝擊,在全球化浪潮下,經由產業在地化發展出獨特產品,朝「在地全球化」發展,讓臺灣的在地特色產品可以行銷全世界。

肆、加入 TPP／RCEP 對臺灣服務業的影響及其因應

一、儘速就臺灣加入 TPP 與 RCEP 達成國內共識

執政當局應透過各種管道、盡最大努力邀請國內各政黨及國內具聲譽人士,就臺灣加入 TPP 和 RCEP 議題達成共識,並高調對外宣布使國際社會清楚瞭解臺灣之政策立場,以創造對我有利之國際氛圍。對內,不僅是社會與部分的業者對貿易自由化欠缺正確的認識與體認,甚至部分政府單位,似乎也沒有做好準備,特別是服貿市場開放所可能造成的產業衝擊,政府並沒有妥善的輔導策略與因應措施,仍有持續改進的空間。因此,在國內適當法規中,應建立相對應的法律規範及管理項目,並確實推動落實,使國內企業和民眾對於市場洞開的擔憂能夠獲得舒解,降低國內各界因立場不同而產生的嚴重對立。

二、政府專責單位主導各項效益與衝擊評估

相較於 TPP 和 RCEP 各成員國,雖然臺灣市場開放程度相對高,未來在面對洽簽 TPP 和 RCEP 時,市場開放程度應不會造成臺灣服務產業太大壓力,但因臺灣個別服務產業較為多元且規模小、能力較為不足,無法個別從事資訊收集、分析與研究,建議應由政府專責單位或部門編列經費預算,主導各服務產業之效益與衝擊評估。

專責單位應與法人機構及各公協會合作,在聽取業者的需求、納入各方意見後再共同進行調查研究,並優先進行亞太市場調查研究,以瞭解臺灣在亞太市場之定位,明確訂定可動態調整的產業目標,對於獲得多數人支持的項目應優先納入施政方針並編列預算予以落實,必要時應建立資訊平臺和收費機制供臺灣業者使用。

在既定產業目標之下,公務人員考評績效應納入對企業之協助,政府應授權公務人員多給予企業試點之優惠,協助解決企業發展所面臨之跨部會問題,選擇有潛力可擴大出口之整合型服務行業並大力協助其成長,避免以嚴懲來干預或解決問題。對於專業人士之工作權保障,政府應更多面向支持各公協會並結合政府考證單位、學會、學生團體及專業團體,共同建立在國內執業的相關制度和資格要求,並明文規定相關企業必須加入公協會,達到強化 NGO 專業品質和協助政府之目標。

三、做好受衝擊產業之輔導工作

臺灣內需市場小、國際化程度不足,服務業發展有一定的侷限,因此加入 TPP 和 RCEP 對服務業的發展與轉型是一個契機,但臺灣多項服務產業包括不動產服務、郵政服務、初等教育服

務、社會服務、旅館與餐館、娛樂服務、管線運輸、其他運輸服務以及其他服務等項均低於 TPP 以及 RCEP 的開放程度，尤其 TPP 協定在服務貿易市場開放部分，未來將採「負面表列」方式進行，開放程度與對臺衝擊較大。

　　針對上述可能競爭能力較弱無法適應服務貿易自由化開放腳步的業者，政府應提早規劃因應自由化的配套措施，讓產業與社會衝擊降至最小，因此不論是產業輔導與法規都必須提早進行大幅調整，而非加入時才要去面對。在策略上對於內需型、競爭力較弱、易受貿易自由化影響之產業應加強輔導；對於尚無顯著受損之產業及勞工，但有受損害之虞者，協助其調整體質。例如，透過大力協助發展有潛力可擴大出口之整合型服務行業之際，培訓和獎勵易受 FTA 衝擊產業之企業和員工朝新興配套行業方向發展。

四、妥善因應法規調整與制度接軌問題

　　一國境內法規能否自我調適以與國際充分接軌，「內部調整」與「外部整合」是否能展開充分的協同與互動，將決定該國經貿在國際舞臺上的實力與地位。以 TPP 來說，除了強調市場開放外，也強調法規調整與制度接軌。包括金融電信法規之改進、公營事業之規範與改革、郵政保險之適用範圍、電子商務法規、資訊流及人才流的自由移動、政府採購制度之進一步開放等。其他如程序透明化的義務（如法律、法規預告期至少 40 天、行政指導書面化等）、金融法規簡化、檢驗檢疫按國際標準、導入法規影響評估等，原則上都是在生效時就需要立即到位，很少彈性空間，建議政府應提早規劃與因應。

五、確定臺灣的政治經濟方針、戰略目標和具體戰術

政府在與人民對話鼓吹加入 TPP 和 RCEP 等區域經濟整合議題時，應有更高的戰略考量，例如臺灣對於東協各國的經貿關係，一直以來都缺乏國家戰略思維，反觀臺灣主要對手國如中國大陸協助基礎建設、日本 ODA、韓國等，均傾全國的資源來強化與東協國家的實質經貿關係，在這方面臺灣幾乎是付之闕如，此將不利於未來建立雙邊關係或加入 RCEP。

臺灣不應僅強調 TPP 和 RCEP 的成員國與臺灣投資貿易往來的高占比，來說明若被排除在外臺灣會被邊緣化、國際地位會更加低落，而不去討論臺灣試圖在中美兩大強權間取得平衡的戰略因素，並反思自由化和全球化對小國的利弊得失。特別是長期處於大政府及貿易保護主義氛圍下的臺灣人民，在代價不清楚的情況下，現階段應該還沒準備好願意不計一切加入國際社會、追求全球化。

六、正視並化解兩岸關係在臺灣加入兩協議的複雜性

RCEP 是由中國大陸主導，和以美國為首的 TPP 有很強烈的競合關係。雖然小國的大戰略必然是兩邊都加入，但兩岸關係的敏感性可能複雜化臺灣加入的時程與結果。現階段臺灣加入 TPP 並非美方的優先議題，而在中國大陸表達考慮加入 TPP 後，可能更形複雜，政府應該儘早評估與因應。中國大陸主宰了臺灣是否可以加入 RCEP，若 RCEP 全體成員邀請臺灣加入，政府亦應預作因應，特別是後太陽花時期的臺灣社會，面對中國大陸服務業在 RCEP 下的全面開放，勢必更為棘手。

七、政府應重視並處理技術性貿易障礙排除的問題

　　技術性貿易障礙（Technical Barrier to Trade, TBT）的排除，一直是區域多邊或雙邊貿易協議的重要課題。舉例而言，國營企業是否在法令或實務上受到比包括外資在內的民營企業更多的保護以致取得不正當競爭優勢？環境保護和勞動條件的制訂及遵循是否符合對其他會員國的承諾？政府採購招標是否對外國服務提供者課予限制？監管法規及執行是否透明化並採行一致的標準？資金匯出入和外匯是否受到過當管制？等等。多邊區域貿易協議除了基本款的貨物貿易開放進出口、降低關稅，以及服務貿易的市場准入外，對於TBT在法規面和執行面的排除是最重要的部分。因此，政府在追求區域經濟整合的同時，亦必須儘速調整心態來面對與執行一個沒有TBT的法規架構，相關部會應儘速完成差距分析（gap analysis）以作為評估修法的依據，並透過逐步修改法律及行政命令來達成上述國際標準的要求。

八、將臺美TIFA談判視為TPP的敲磚石及政府與公民社會對話的契機

　　中國大陸因素使臺灣加入TPP的可能性較RCEP略高，在此假設前提下，臺灣除了維持不要成為國際間的麻煩製造者外，應加速與美國進行貿易暨投資架構協議（TIFA）談判，過程中臺灣應以較大幅度開放來展現貿易自由化和加入TPP的決心，其中包括是否考慮將民營化、政府採購流程納入承諾，以及是否對美豬在內的部分農產品讓步等。上述議題在國內高度爭議且具話題性，勢必引起朝野民間辯論，但這未嘗不是政府就貿易自由化與公民社會對話的契機，與其留待TPP／RCEP時討論這些議題，不如在與美國議定TIFA時提前形成共識。另政府應思考是否開

始啟動與美國的雙邊投資協議（BIA），特別是國內大型企業對美國的投資及採購，對美國立法及相關行政機關支持臺灣成為TPP的成員一事，具有不可低估的推進力。

伍、加入TPP／RCEP對臺灣農業的影響及其因應

一、確保農地農用與強化糧食自主能力

面對自由化趨勢，為確保臺灣糧食安全，政府應積極保護臺灣優良農地，並積極鼓勵休耕地復耕，以擴大糧食生產。除了避免農地進一步流失並確保農地農用外，建議可進一步的推動農地儲備制度。未來政府相關農業補貼或給付政策，應設定維護農地生產機能為給付要件之一，以鼓勵農民維持農地農用與農業生產能力。

為因應可能的全球性糧食危機，建議在現有公糧稻穀儲備體制外，強化國際穀物供需情形及價格的監控，及時提供國際糧食供需資訊，並研擬推動建構糧食安全體系之海外農業開發及投資策略，在配合相關部會之開發援助計劃下，與海外投資目標國家建立糧食安全策略伙伴關係，以強化臺灣糧食自主能力。

二、提升國產農產品品質

政府應繼續強化各種農產品認證及標示制度之管理，提供消費者高品質、安全、環境友善的農產品，以提升國人對國產農產品的信賴與支持度，包括推廣環境友善或有機耕作、加強推動良好農業規範（GAP）與HACCP生產制度，建立食品安全有害物質的事前管理與預防制度及鼓勵農產品正確標示名稱、產地、重

量、生產時期、生產或銷售者及農產品營養成分等,以利消費者選購。

三、加強農業六級產業化競爭力

農業是六級產業化的基礎,政府應積極培育農業經營人才,投入農產品加工與行銷服務等二、三級產業,協助各地區發展具地方特色之農食產品,以強化初級產業的主體性,提高農業附加價值並增加就業,全面提振農業經濟活力。

四、穩定農民所得

建議政府帶頭提倡糧食生產者的基本保障與職業化觀念,保障糧食生產者的基本所得。為了降低農民所得風險,建議將現有價格支持之稻米保價收購補貼政策轉為所得支持之農業給付政策,給予稻農基本所得保障。另為鼓勵農民進行結構調整、種植進口替代策略作物或從事環境友善的耕作行為,建議政府考慮進一步發放獎勵性質農業給付,透過政策誘因落實政策效果,甚至吸引優秀人才投入農業生產。

面對加入 TPP 或 RCEP 後,國產農產品可能因此面對較嚴峻的市場競爭壓力,政府除需加強編列「農產品受進口損害救助基金」之預算經費,以確實穩定農民所得並降低農民在自由化歷程中的經營風險外,建議研議推動農業所得保險,針對弱勢農業生產所面對的價格風險及生產風險,設計相應的風險管理工具,改善農民風險管理能力,以達到穩定農民所得之功效。

五、推動飲食與營養教育及地產地消觀念

　　為促進國產農產品消費,建議政府重視健康與營養教育,針對各種年齡層與生活型態民眾制訂與推動符合其需求之飲食生活教育與營養政策,進而鼓勵國產農產品消費。另為促進農業生產者與消費者的交流,除了推廣地產地消外,亦可推動由地區生產者供應地方政府機關或學校飲食,透過契作供應農產品,強化消費者與農業生產者間的連結,促進臺灣消費者對國產農產品之認同與支持。另針對弱勢民眾,建議農政單位與社福部門協商,研擬提供國產農產品相關飲食協助方案,解決弱勢民眾所面臨的飲食與營養問題,增進弱勢民眾健康。

六、加強臺灣農產品之流通與行銷宣傳,推行農食產品產地標示

　　建議政府應增加行銷臺灣農產品經費預算,包括設置海外農特產品生產與行銷據點、參加各項大型國際展覽會、舉辦大型國際農特產品及食品展覽會等。未來開放農產品市場後,為方便消費者清楚區分農產品或食品的產地來源,建議政府研擬推動農食產品產地標示政策,除特定農產品與加工食品需標示產地來源外,並推廣餐廳使用食材產地標示,包括農漁畜產品等多種食材。

七、提振國產米食消費

　　近年由於國人飲食逐漸西化加上醫學與健康因素,人均稻米消費量持續減少,不僅對臺灣糧食自給率有負面影響,也導致稻米有供過於求之現象,政府應帶頭積極推動提振米食消費,降低國人對於進口黃豆、硬質玉米、小麥之依賴。具體作法如:將飲

食與營養教育相結合，強調米食的營養與保健訴求；跳脫傳統宣傳推廣方式，推出能傳達米食健康、營養且流行形象米食的消費廣告；舉辦米食烹飪的網路互動大賽或是針對學生族群則推出米食教育小遊戲、漫畫與電子書等；藉由各種米食研討會、博覽會或比賽，交流最新米食烹調技術；在使用米為原料的食品上標示「米」字，做出產品區隔與差異化，吸引國人消費米食等。

八、推動「臺灣傳統美食國際化」政策

建議農政單位應與文化及觀光單位合作，積極思考推動「臺灣傳統飲食國際化」政策，政府參考韓國與泰國作法，研擬策略推廣臺灣農產品及傳統美食，結合觀光及流行文化產業，落實臺灣傳統美食國際化的目標，提升農業、旅遊業、餐飲業與文化產業之商機。包含：建立臺灣飲食地標、發展臺灣飲食相關產業、臺灣飲食產業品牌化、強化相關產業連結與合作、建構基礎環境、培育飲食產業相關專業人才等。

九、農民組織的改革與分工

加入 FTA、TPP、RCEP 等組織後，短中長期的農業轉型與配套措施，再再需要農民組織承擔重大任務去執行，建議政府對於農民組織的改革與分工應提早研擬因應對策，例如：加強農會專業於農村金融、農保及農民福利、青年婦女與農民推廣教育、新品種新技術宣導、政府農業政策與改革宣導等，農業合作社在農業部成立後建議應從內政部管轄交由農業部主管，且專業於農產品運銷之業務等。

十、全面檢討農業部門之經費預算

面對加入 FTA、TPP、RCEP 的衝擊，臺灣農業部門的經費預算應做全盤規劃與調整，未來農業部成立後若因各部會預算排擠問題無法取得共識，建議思考以「農業基本法」的立法來解套。配合政府進行中的各項退休年金改革計劃，建議思考與研究是否讓老農津貼能回歸到真正的國民年金保險制度。

陸、加入 TPP／RCEP 對臺灣勞工的影響及其因應

一、建立完整且正確的資訊

針對臺灣參與區域整合或簽署 FTA 對勞工的影響，政府應儘速收集與進行完整且正確的資訊與分析，提供勞工大眾參考，並應針對工會領袖、幹部等提供培訓課程及培養種子師資，以傳遞其正確訊息。

二、針對特定產業主動規劃不同的輔導與協助措施

針對加入 TPP 與 RCEP 將遭受衝擊的特定弱勢產業部門（農業、勞力密集製造業等），對其企業及就業勞工，政府應儘早主動規劃不同的輔導與協助措施，以協助企業降低市場開放之衝擊，讓勞工能提升其技能，具備技術與職能升級或轉業、創業的技能。

三、研擬設置積極性與特定性之調整或協助機制

建議政府研擬設置積極性與特定性之調整或協助機制的可行性，例如是否由政府成立勞工貿易調整協助基金等機制，作為未

來政府提供勞工貿易調整協助措施的主要財源,以彌補就業安定基金之不足。

四、逐步與國際核心勞動標準之規定接軌

針對 TPP 所可能涵蓋的勞工議題,建議檢視臺灣勞工法律與實施情形,以便逐步與國際核心勞動標準之規定接軌,同時應準備具體之實踐資料與統計數據,以說明臺灣改進之努力。

五、研擬自然人移動與移工權利保障等問題之相關因應對策

針對 RCEP 國家(主要為東協國家)關切的自然人移動與移工權利保障等問題,建議著手研擬相關的因應對策,並應利用與東協國家雙邊會議之管道,瞭解及改善其關切之議題。

六、公布詳實且具體的影響評估報告

政府相關部會應先針對社會上普遍存在對於簽訂 FTA、加入 TPP 及 RCEP 所可能產生的負面影響,包括對國內產業的影響、對勞工的就業影響及政府因應與調整政策等,提出詳實的影響評估報告,並以淺顯易懂的方式做出回應,唯有建立起社會各界對政府的信任感,才能將問題聚焦,進行專業的理性辯論,凝聚社會共識。

七、具體說明影響勞工權益事項之因應對策

貿易自由化影響勞工權益甚劇,勞動部應具體說明如何執行「因應貿易自由化勞工就業發展與協助方案」,以保護臺灣勞工因貿易自由化受影響的權益;對於產業無法升級、轉型,而無法

營運之企業勞工適用「轉業及再就業的五大協助措施」，勞動部應清楚說明其認定標準及具體作法為何？

八、加強政策研究結果之說明

政府委託智庫所做的各項影響評估，政府應站到第一線翔實說明加入 RCEP 前後，臺灣製造業、服務業的產值與就業機會之衝擊與效益評估方式，並如實揭露研究結果與具體統計數據，對於加入 RCEP 後主要受創產業（農業及其加工製品）減少之產值、影響就業人次之統計數據以及政府擬採取之因應政策，包括輔導產業轉型及勞工轉業具體措施等，政府更應主動說明與釋疑。

九、建構社會對話機制，凝聚國內三方共識

建議政府應以法律規範建立全國層級機構性的社會對話機制，透過社會對話機制研擬相關勞動及經濟政策，一方面在產業內建立秩序，確保勞資雙方利益，強化勞資互信及建立夥伴關係；另一方面達到化解政策推行阻力，提升政府施政效能，降低因疑慮造成之爭議，以有效減少社會成本、凝聚國內共識，共同追求國家經濟成長、產業發展利益及確保勞動人權。

十、國際協議有關勞動議題，應事先徵詢工會意見

國際勞工組織（ILO）支持且呼籲世界各國於進行自由貿易協定時，應參考國際勞動憲章、工作基本原則與權利宣言以及國際勞動公約，制訂雙方都能遵守的勞動條款（標準）。臺灣雖非 ILO 會員國，但仍應與國際接軌，尤其目前國際間於簽訂 FTA 或 TPP 時皆已將勞工議題列入談判及規範的範圍，政府應廣泛蒐集

相關資訊，並事先徵詢相關工會意見，期在談判與諮商過程中，確保臺灣勞工最大利益。

十一、有效協助受衝擊產業，確保勞工就業權益

　　針對加入 TPP 與 RCEP 將遭受衝擊的特定弱勢產業（農業、勞力密集製造業等），政府應積極投入資源進行產業創新與多樣化，並對其企業及勞工規劃不同的輔導與協助措施，以協助企業轉型及輔導產業勞工就業，降低市場開放造成之負面影響。

十二、加強保障臺灣各產業勞工組織工會，行使集體協商之權利

　　面臨貿易自由化趨勢，政府應積極協助以中小企業為大宗之產業（例如服務業）勞工組織自主產業工會，使其得藉由組織及加入自主工會，透過工人團結與勞資協商，降低貿易自由化所帶來之衝擊，以保障自身勞動權益。

國家圖書館出版品預行編目（CIP）資料

加入 TPP 與 RCEP：臺灣準備好了！？/
宋鎮照等作 -- 初版 . -- 臺北市：新台灣人
文教基金會；新北市：Airiti Press, 2015. 01
面；公分
ISBN 978-986-87320-9-4（平裝）
1. 亞太經濟　2. 區域經濟　3. 文集
552.307　　　　　　　　　　103025955

加入 TPP 與 RCEP：臺灣準備好了！？

主　　編／簡明哲、譚瑾瑜、吳孟道
作　　者／宋鎮照、蔡相偉、譚瑾瑜、徐純芳、李淳、吳孟道、黃天牧、鄭貞茂、
　　　　　蔡宏明、葉長城、韓孝民、靖心慈、朱浩、譚耀南、孫智麗、周孟嫻、
　　　　　陳文德、詹澈、徐遵慈、蔡孟良、戴國榮、簡明哲
責任編輯／須文蔚、簡明哲、曾文培、劉德明、邱凰華、葉慶元、李珉愷、陳儀如
執行編輯／謝佳珊、林宛璇、吳承思、陳廷昌
美術編輯／林玫秀

發 行 人／張珩
出版單位／財團法人新台灣人文教基金會 & 華藝學術出版社
發行單位／財團法人新台灣人文教基金會
　　　　　110 台北市信義區信義路五段 150 巷 2 號 16 樓 1600 室
　　　　　華藝學術出版社
　　　　　234 新北市永和區成功路一段 80 號 18 樓
法律顧問／立暘法律事務所　歐宇倫律師
總 經 銷／華藝數位股份有限公司
　　　　　戶名：華藝數位股份有限公司
　　　　　銀行：國泰世華銀行　中和分行
　　　　　帳號：045039022102
　　　　　電話：(02)2926-6006　　傳真：(02)2923-5151
　　　　　服務信箱：press@airiti.com
ISBN ／ 978-986-87320-9-4
出版日期／2015 年 1 月初版
定　　價／新台幣 360 元

版權所有・翻印必究　　Printed in Taiwan
（如有缺頁或破損，請寄回本社更換，謝謝）